獄中記

大杉榮著

林倭衛畫

目次

目次

凡例

一、本書は、『獄中記』（春陽堂、一九一九年）を底本とし、削除箇所を初出の『新小説』（春陽堂）により復元した。また、『大杉栄書簡集』（海燕書房、一九七四年）を参照した。

一、本文は、現代かなづかい、新字体、現代表記に改め、読みやすくするため、一部の漢字をかな書きにし、最小限に読点を入れた。また、明らかな誤字や誤植と見なされる語句は訂正した。

一、今日からみれば不適切な表現もみられるが、発表当時の歴史性を考慮して原文のままとした。

一、（　）内は著者による注であり、〔　〕内は解説者による注記である。

市ヶ谷の巻

前科割り

東京監獄〔市ヶ谷〕の未決監に「前科割り」というあだ名の老看守がいる。

被告人どもは裁判所へ呼び出されるたびに、一馬車（このごろは自動車になったが）に乗る一二、三人ずつ一組になって、薄暗い広い廊下のあちこちに一列にならべさせられる。そしてそこで、手錠をはめられたり腰縄をかけられたりして、護送看守部長の点呼を受ける。「前科割り」の老看守は一組の被告人に普通二人ずつつくこの護送看守の一人なのだ。いつごろからこの護送の役目についたのか、またいつごろからこの「前科割り」のあだ名をもらったのか、それは知らない。しかし、少なくとももう三十年ぐらいは、監獄の飯を食っているに違いない。年は六十にとどいたか、まだか、くらいのところだろう。

被告人どもが廊下に呼び集められたとき、この老看守は、自分の受持の組はもちろん、一〇組余りのほかの組の列までも見回って、その受持看守から「索引」をかりて、それとみんなの顔とを見くらべて歩く。「索引」というのは被告人の原籍、身分、罪名、人相などを書きつけた、いわばまあカードだ。

「お前はどこかで見たことがあるな。」

しばらくそのせいの高い大きなからだをせかせかと小股で運ばせながら、無事に幾組かを見回ってきた老看守は、ふと僕の隣りの男の前に立ちどまった。そしてその色の黒い、醜い、しかし無邪気なにこにこ顔の、いかにも人のよさそうな細い眼で、じろじろとその男の顔をみつめながらいった。

「そうだ、お前は大阪にいたことがあるな。」

老看守はびっくりした顔付きをして黙っているその男に言葉をついだ。

「いや、旦那、冗談いっちゃ困りますよ。わたしゃこんんど初めてこんなところへ来たんですから。」

その男は老看守の人のよさそうなのにつけこんだらしい馴れ馴れしい調子で、手錠をはめられた手を窮屈そうにもみ手をしながら答えた。

「うそを言え。」

老看守はちっとも睨みのきかない、すぐにほほえみの見える、例の細い眼をちょっと光らせてみて、

「そうだ、たしかに大阪だ。それから甲府にも一度はいったことがあるな。」

とまた独りでうなずいた。

「違いますよ、旦那、まったく初めてなんですよ。」

その男はやはりしきりともみ手をしながら腰をかがめていた。

「なあに、白っぱくれても駄目だ。それからその間に一度巣鴨にいたことがあるな。」

老看守はその男のいうことなぞはろくに聞かずに、自分のいうだけのことを続けてゆく。その男も、もうもみ手はよして、図星を指されたかのように黙っていた。

「それからもう一度どこかへはいったな。」

「へえ。」

とうとうその男は恐れ入ってしまった。

「どこだ?」

「千葉でございます。」

窃盗か何かでつかまって、警察、警視庁、検事局と、いずれも初犯で通してきたその男は、とうとうこれで前科四犯ときまってしまった。そして、

「実際あの旦那にかかっちゃや、とてもやりきれませんよ。」

と、さっきから不思議そうにこの問答を聞いていた僕にささやいて言った。

僕の前科

本年〔一九一八・大正七年〕の三月に僕がちょっと東京監獄へ行ったときにも、やはりこの老看守は、その十二年前のやはり三月に僕が初めて見たときと同じように、まだこの前科割りを続けていた。

「やぁ、また来たな。こんどはなんだ、だいぶしばらく目だな。」

老看守はそのますます黒く、ますます醜くなった、しかし相変わらず人のよさそうな顔をにこにこさせていた。

僕は今、この老看守に向かったときの懐かしい、しかし恐れ入った心持ちで、僕自身の前科割りをする。

と言っても、実は本当にはよく覚えていないんだ。つい三、四カ月前にも、米騒動や新聞のことでたびたび検事局へ呼び出されていろいろ糺問《きゅうもん》されたが、その時にもやはり自分の前科の

ことは満足に返事ができなかった。そしてとうとう、

「あなたの方の調べには間違いなく詳しく載ってるんでしょうから。」

というようなことで、検事にそれを読みあげてもらって、

「まあ、そんなものなんでしょう。」

と曖昧に済ましてしまった。ところが、あとでよく考えてみると、検事の調べにも少々間違いがあったようだ。なんでも前科が一つ減っていたように思う。

当時の新聞雑誌でも調べてみればすぐに判然《はっきり》するのだろうが、それも面倒だから、今はただ記憶のままに罪名と刑期とだけを掲げておく。何年何月の幾日にはいって、何年何月の幾日に出たのかは、一つも覚えていない。監獄での自分の名の「襟番号」ですらも、一番最初の九七七というたった一つしか覚えていない。これは僕ばかりじゃない。ためしに堺（利彦）にでも、山川（均）にでも、山口（孤剣）にでも、その他僕らの仲間で前科三、四犯もあるだれにでも聞いてみるがいい。みんなきっとろくな返事はできやしない。それからつぎにならべた最初の新聞紙条令違犯（今は新聞紙法違犯と変わった）の刑期も、ほんのうろ覚えではっきりは覚えていない。

一、新聞紙条令違犯（秩序紊乱）三カ月
二、新聞紙条令違犯（朝憲紊乱）五カ月
三、治安警察法違犯（屋上演説事件）一月半
四、兇徒聚集罪（電車事件）二カ年
五、官吏抗拒罪
治安警察法違犯（赤旗事件）二年半

これで見ると、前科は五犯、刑期の延長は六年近くになるが、実際は三年と少ししか勤めていない。先日ちょっと日本に立ち寄った革命の婆さん、プレシュコフスカヤの三十年に比べれば、そのわずかに一割だ。堺も山川も山口も前科は僕と同じくらいだが、刑期は山口や山川の方が一、二年多いはずだ。僕なんぞは仲間のうちではずっと後輩の方なんだ。

初陣は二十二の春、日本社会党（今はこんなものはない）の発起で電車値上げ（片道三銭から五銭になろうとしたとき）反対の市民大会を開いたときの兇徒聚集事件だが、三月に未決監にはいってその年の六月に保釈で出た。そしてそのほかの四つの事件は、この兇徒聚集事件が

片づくまでの、二年余りの保釈中の出来事なんだ。一から三までの三事件九カ月半の刑期もこの保釈中に勤めあげた。

こうして二カ月かせいぜい六カ月の日の目を見ては、出たりはいったりしている間に、とうとう二十四の夏、錦輝館で例の無政府共産の赤旗をふり回して捕縛され、それと同時に電車事件の方の片もついたのであった。そして当時のありがたい旧刑法のおかげで、新聞紙条令違犯の二件を除く他の三件は併合罪として重きによって処断するということで、電車事件の二カ年も、またすでに勤めあげた屋上演説事件の一月半もすべて赤旗事件の二カ年半の中に通算されてしまった。いわばまあゼロになっちゃったんだ。

検事局では地団太ふんでくやしがったそうだ。そうだろう。保釈中に三度も牢にはいっているのに、保釈中だということをすっかり忘れていたんだ。しかし僕の方ではおかげさまで大儲けをした。が、その年の十月から今の新刑法になって、同時にいくつ犯罪があっても一つ一つ厳重に処罰することになったから、もう二度とこんないい儲けはあるまい。

それで二十七の年の暮れ、ちょうど幸徳〔秋水〕らの逆徒どもが死刑になる一カ月ばかり前に、しばらく目でまた日の目を見て、それ以来今日まできまる七年の間ずっと謹慎している。

だから、僕の獄中生活というのは、二十二の春から二十七の暮れまでの、ちょいちょい間をおいた六年間のことだ。そして僕が分別盛りの三十四の今日まだ、危険人物などという物騒な名を歌われているのは、二十二の春から二十四の夏までの、血気にはやった若気のあやまちからのことだ。

とんだ木賃宿

もっとも、その後一度ふとしたことからちょっと東京監獄へ行ったことがある。しかしそれは決して血気のはやりでも、また若気のあやまちでもない。現にお役人ですら「どうも相済みません」といって謝って帰してくれたほどだ。それは本年〔一九一八年〕のことで、事情はざっとこうだ。

三月一日の晩、上野のある仲間の家で同志の小集があった。その帰りに、もう遅くなってとても亀戸までの電車はなし、和田〔久太郎〕の古巣の涙橋の木賃宿にでも泊まってみようかということになって、僕の家に同居していた和田、久板〔卯之助〕の二人と一緒に、三輪《みのわ》から日本堤をてくって行った。この和田も久板も今は初陣の新聞紙法違犯で東京監獄にはいっているが、本年の二科会に出た林倭衛《しずえ》の「H氏の肖像」というのはこの久板の肖像だ。

吉原の大門前を通りかかると、大勢人だかりがしてわいわい騒いでいる。一人の労働者ふうの男が酔っぱらって、過ってある酒場の窓ガラスをこわしたというので、土地の地回りどもと巡査とがその男を捕まえて弁償しろの拘引するのと責めつけているのだった。

その男はみすぼらしい風態をして、よろよろよろけながらしきりに謝っていた。僕はそれを見かねて仲へはいった。そしてその男を五、六歩わきへ連れて行って、事情を聞いて、そこに集まっているみんなにいった。

「この男はいま一文も持っていない。弁償は僕がする。それで済むはずだ。いったい、なにか事のあるごとに一々そこへ巡査を呼んできたりするのはよくない。なんでもお上にはなるべく御厄介をかけないことだ。たいがいのことは、こうして、そこに居合わした人間だけで片はつくんだ。」

酒場の男どももそれで承知した。地回りどもも承知した。見物の弥次馬どもも承知した。しかしただ一人承知のできなかったのは巡査だ。

「貴様は社会主義だな。」

初めから僕に膨れっ面をしていた巡査は、いきなり僕に食ってかかった。

「そうだ、それがどうしたんだ。」

僕も巡査に食ってかかった。

「社会主義か、よし、それじゃ拘引する。一緒に来い。」

「そりゃ面白い。どこへでも行こう。」

僕は巡査の手をふり払って、そのさきに立ってすぐ眼の前の日本堤署へ飛びこんだ。当直の警部補はいきなり巡査に命じて、僕らのあとを追ってきた他の二人までも一緒に留置場へ押しこんでしまった。

これが当時の新聞に「大杉栄等検挙さる」とかいう事々しい見だしで、僕らが酔っぱらって吉原へ繰りこんで、巡査が酔いどれを拘引しようとする邪魔をしたとか、その酔いどれを小脇にかかえて逃げ出したとか、いいかげんな嘘っぱちをならべ立てた事件の簡単な事実だ。

そして翌朝になって、警部が出てきてしきりにゆうべの粗忽を謝って、「どうぞ黙って帰ってくれ」と朝飯まで御馳走しておきながら、いざ帰ろうとすると、こんどは署長が出てきて、どうしたことか再びまたもとの留置場へ戻されてしまった。

かくして僕らは、職務執行妨害という名のもとに、警察に二晩、警視庁に一晩、東京監獄に五晩、とんだ木賃宿のお客となって、

「どうも相済みません。どうぞこれでお帰りを願います」というご挨拶で帰された。

元来僕は、酒はほとんど一滴も飲めない、女郎買いなぞは生まれて一度もしたことのない、そして女房と腕押しをしてもいつも負けるくらいの実に品行方正な意気地なしなのだ。

奥さんも御一緒に

それから、これは本年の夏、一週間ばかり大阪の米一揆〔米騒動〕を見物して帰ってくると、

「ちょっと警察まで。」

ということで、その足で板橋署へ連れて行かれて、十日ばかりの間「検束」という名義で警察に泊め置かれた。

しかしそれも、なにも僕が大阪で悪いことをしたというわけでもなく、また東京へ帰って何かやるだろうという疑いからでもなく、ただ昔が昔だから暴徒と間違われて巡査や兵隊のサーベルにかかっちゃかわいそうだというお上の御深切からのことであったそうだ。立派な座敷に通されて、三度三度署長が食事の注文をききに来て、そして毎日遊びにくる女をつかまえて、

「どうです、奥さん。こんなところではなはだ恐縮ですが、決してご心配はいりませんから、あなたもご一緒にお泊まりなすっちゃ。」

などと真顔に言っていたくらいだからたぶん僕もそうと信じきっている。当時の新聞に、僕が大阪で路傍演説をしたとか拘引されたとか、ちょいちょい書いてあったそうだが、それはみんなまるで根も葉もない新聞屋さんたちのいたずらだ。

その他、こういう種類のお上の御深切から出た「検束」ならちょっとは数えきれないほどあるが、それはなにも僕の悪事でもなければ善事でもない。

とにかく、僕のことというと、どこででも何事にでも誤解だらけで困るので、まずこれだけの弁解をうんとしておく。

初陣

「さあ、はいれ。」

ガチャガチャとすばらしい大きな音をさせて、錠をはずして戸を開けた看守の命令どおりに、僕はいま渡されてきた布団とお膳箱とをかかえて中へはいった。

「その箱は棚の上へあげろ。よし。それから布団は枕をこっちにして二枚折りに畳むんだ。よし。あとはまたあした教えてやる。すぐ寝ろ。」

看守は簡単にいい終わると、ガタンガタンガチャガチャと、室《へや》じゅうというよりもむしろ家じゅう震え響くような恐ろしい音をさせて戸を閉めてしまった。

「これが当分僕のうちになるんだな。」

と思いながら僕は突っ立ったまま、まずあたりを見回した。三畳敷ばかりの小綺麗な室だ。まだ新しい縁なしの畳が二枚敷かれて、入口と反対の側の窓下になるあと一枚分は板敷になっている。その右の方の半分のところには、隅っこに水道栓と鉄製の洗面台とがあって、その下に箒と塵取と雑巾とが掛かっていて、雑巾桶らしいものが置いてある。左の方の半分は板が二枚になっていて、その真ん中にちょうど指をさしこむくらいの穴がある。なんだろうと思って、その板をあげて見ると、一尺ほど下に人造石が敷いてあって、その真ん中に小さなとり手のついた長さ一尺ほどの細長い木の蓋が置いてある。それを取りのけるとプウンとデシンらしい強い臭いがする。便所だ。さっそく中へはいって小便をした。下には空っぽの桶が置いてあるらしくジャジャと音がする。板をもと通りに直して水道栓をひねって手を洗う。窓は背伸びしてようやく目のところが届く高さに、幅三尺、高さ四尺ぐらいについている。ガラス越しに見たそとは星一つない真暗《まっくら》な夜だった。室の四方は二尺ぐらいずつの間をおいた三寸角の柱の間に厚板が打ちつけられている。そして高い天井の上からは五燭〔ろうそく五本分、約五ワット〕の電燈が室じゅうをあかあかと照らしていた。

「これなら上等だ。コンフォルテブル・エンド・コンヴェニエント・シンプル・ライフ!」

と僕は独りごとをいいながら、室の左側の棚の下に横たえてある手拭掛けの棒に手拭をかけて、さっき着かえさせられてきた青い着物の青い紐の帯をしめ直して、床の中にもぐりこもうとした。

「が、みんなはどこにいるんだろう。」

僕は四、五日前の市民大会当日に拘引された一〇人ばかりの同志のことを思った。そして入口の戸の上の方についている「のぞき穴」からそっと廊下を見た。さっきもそう思いながら左右をきょろきょろ見てきた廊下だ。二間ばかり隔てた向こう側に、あの恐ろしい音をたてる閂様の白く磨ぎすまされた大きな鉄の錠を鼻にして、その上の「のぞき穴」を目にして、そして下の方の五寸四方ばかりの「食器口」の窓を口にした巨人の顔のような戸が、いくつもいくつも並んで見える。その目からは室の中からの光が薄暗い廊下にもれて、その曲がりくねった鼻柱はきらきらと白光りしている。しかし、厚い三寸板の戸の内側を広く、外側を細く削ったこの「のぞき穴」は、そとからうちを見るには便宜だろうが、うちからそとを窺《のぞ》くにはまずかったので、こんどはしゃがんで、そっと「食器口」の戸を爪で開けてみた。例の巨人の顔は前よりも多く、この建物の端から端までのが、みんな見えた。しかしその二〇いくつかの顔のどの目からも予期していた本当の人間の目は出てこなかった。そしてみんなこっちを睨んでいるように見える巨人の顔が少々薄気味悪くなりだした。

「もうみんな寝たんだろう。僕も寝よう。みんなのことはまたあしたのことだ。」

僕はそっとまた爪で戸を閉めて、急いで寝床の中へもぐりこんだ。綿入一枚、襦袢一枚の寒さに慄《ふる》えてもいたのだ。

すると、室の右側の壁板に、

「コツ、コツ。コツ、コツ。コツ、コツ。」

と音がする。僕は飛びあがった。そしてやはり同じように、コツコツ、コツコツ、コツコツと握拳で板を叩いた。ロシアの同志が、獄中で、このノックで話をすることはかねて本で読んでいた。僕はきっとだれか同志が隣りの室にいて、僕に話しかけるのだと思った。

「あなたは大杉さんでしょう。」

しかしその声は、聞き覚えのない、子供らしい声だった。

「え、そうです。君は?」

僕もその声をまねた低い声で問い返した。知らない声の男だ。それだのに今はいってきたばかりの僕の名を知っている。僕はそれが不思議でならなかった。

「私は何でもないんですがね。ただお隣りから言いつかってきたんですよ。みんなが、あなたのくるのを毎日待っていたんですって。そいで、いま新入りがあったもんですから、きっとあなただろうというんで、ちょっと聞いてくれって頼まれたんですよ。」

「君のお隣りの人ってだれ？」

僕は事のますます意外なのに驚いた。

「〇〇さんという焼打事件の人なんですがね。その人と山口さんが向かい同士で、毎日お湯や運動で一緒になるもんですから、あなたのことを山口さんに頼まれていたんです。」

「その山口とはちょっと話ができないかね。」

「え、少し待ってください。お隣りへ話してみますから。今ちょうど看守が休憩で出ていったところなんですから。」

しばらくすると、食器口を開けてみろというので、急いで開けてみると、向こう側のちょうど前から三つ目の食器口に眼鏡をかけた山口の顔が半分見える。

「やあ、きたな。堺さんはどうした？　無事か？」

「無事だ。きのうちょっと警視庁へ呼ばれたが、何でもなかったようだ。」

「そりゃ、よかった。ほかには、君のほかにだれかきたか。」

「いや、僕だけだ。」

と僕は答えて、ひょいと顔を引っこめた山口を「おい、おい」とまた呼び出した。

「ほかのものはみんなどこにいるんだ、西川（光二郎）は？」

「シッ、シッ。」

山口はちょっと顔を出して、こう警戒しながら、また顔を引っこましてしまった。コトンコトンと遠くの方から靴音がした。僕は急いでまた寝床の中へもぐりこんだ。靴音はつい枕もとまで近く聞こえてきたが、またただんだん遠くの、もと来た方へ消えて行った。

「コツコツ、コツコツ、コツコツ。」

とまた隣りで壁を叩く音がした。そしてこの隣りの男を仲介にして、その隣りの○○という男と、しばらく話しした。西川は他の二、三のものと二階に、そしてここにも僕と同じ側にもう一人いることが分かった。

僕はもう面白くてたまらなかった。きのうの夕方拘引されてから、初めての入獄をただ好奇心いっぱいにこんどはどんな所でどんな目に遭うのだろうとそれを楽しみに、警察から警視庁、警視庁から検事局、検事局から監獄と、一歩一歩引かれるままに引かれてきたのが、これで十分に満足させられて、落ちつく先のきまった安易さや、仲間のものとすぐ目と鼻の間に接近している心強さなどで、一枚の布団に柏餅になって寝る窮屈さや寒さも忘れて、一、二度寝返りをしたかと思ううちにすぐに眠ってしまった。

野口男三郎君

翌日は雨が降って、そとへ出て運動ができないので、朝飯を済ますとすぐに、三、四人ずつ廊下で散歩させられた。

僕は例の食器口を開けて、みんなが廊下の回りをまわって歩くのを見ていた。山口と一緒のゆうべ隣りの男を仲介にして話した男とも目礼した。そしてもう一人の同志と一緒にいるのが、当時有名な事件だった寧斎殺しの野口男三郎だということは、その組が散歩に出るとすぐ隣りの男から知った。男三郎も、その連れから僕のことを聞いたと見えて、僕と顔を合わせるとすぐに目礼した。

男三郎とはこれが縁になって、その後二年余りして彼が死刑になるまでの間、ろくに口もきいたことはないのだが、だいぶ親しく交わった。その間に僕は、出たりはいったりして二、三度しばらくここに滞在し、その他にも巣鴨の既決監から余罪で幾度か裁判所へ引き出されるたびに一晩は必ずここに泊まらされた。そしてことに既決囚になっている不自由な身の時には、ずいぶん男三郎の厄介になった。男三郎自身の手から、あるいは雑役という看守の小使のようになって働いている囚人の手を経て、幾度か半紙やパンを例の食器口から受け取った。僕もそとへ出たたびに何かの本を差し入れてやった。

男三郎は獄中の被告人仲間の間でもすこぶる不評判だった。典獄はじめいろんな役人どもにしきりに胡麻をすって、そのおかげでだいぶかわいがられて、死刑の執行が延び延びになっているのもそのためだなぞという話だった。面会所のそばの、自分の番のくるのを待っている間入れて置かれる、一室二尺四方ばかりの俗にシャモ箱という小さな板囲いの中には、「極悪男三郎速やかに斬るべし」というような義憤の文句が、あちこちの壁に爪で書かれていた。

僕なぞと親しくしたのも、一つは、自分を世間に吹聴してもらいたいからであったかも知れない。現にそんな意味の手紙を一、二度獄中でもらった。その連れになっていた同志にもいつもそんな意味のことを言っていたそうだ。

要するにごく気の弱い男なんだ。その女の寧斎の娘のことや子供のことなぞを話すときには、いつも本当に涙ぐんでいた。子供の写真は片時も離したことがないといって、一度それを見せたこともあった。また、これは自分が描いた女と子供の絵だといって、雑誌の口絵にでもありそうな彩色した絵を見せたこともあった。どうしても何かの口絵をすき写ししたものに違いなかった。しかし絵具はどうして手に入れたろう。よほどの苦心をして何かから搾り取って寄せ集めでもしたものに違いない。が、何のためにそれだけの苦心をしたのだろう。しかもそれは、自分の女や子供の絵ではなく、まったく似てもつかない他人の顔なのだ。

寧斎殺しの方は証拠不十分で無罪になったとかいって非常に喜んでいたことがあった。また、本当か嘘か知らないが、薬屋殺しの方は別に共犯者があってその男が手を下したのだが、うまく無事に助かっているので、その男が毎日の食事の差し入れや弁護士の世話をしてくれているのだとも話していた。そしてある時なぞは、なにかその男のことを非常に怒って、法廷ですっかり打ちあけてやるのだなどといきごんでいたこともあった。

その後赤旗事件でまた未決監にはいったとき、ある日そとの運動場で散歩していると、男三郎が二階の窓から顔を出して、半紙になにか書いたものを見せている、それには、

「ケンコウヲイノル。」

と片仮名で大きく書いてあった。僕は黙ってうなずいてみせた。男三郎もいつものようにに

やにやと寂しそうにほほえみながら、二、三度お辞儀をするようにうなずいて、しばらく僕の方を見ていた。

その翌日か、翌々日か、とうとう男三郎がやられたといううわさが獄中にひろがった。

出歯亀君

出歯亀にもやはりここで会った。たいして目立つほどの出歯でもなかったようだ。いつも見すぼらしい風をして背中を丸くして、にこにこ笑いながら、ちょこちょこ走りに歩いていた。

そしてみんなから、

「やい、出歯亀。」

なぞとからかわれながら、やはりにこにこ笑っていた。刑のきまったときにも、

「やい、出歯亀、何年食った？」

と看守に聞かれて、

「へえ、無期で。えへへへ。」

と笑っていた。

強盗殺人君

それから、やはりここで、運動や湯のときに一緒になって親しい獄友になった三人の男がある。一人は以前にも強盗殺人で死刑の宣告を受けて、終身懲役に減刑されて北海道へやられている間に逃亡して、また強盗殺人で捕まって再び死刑の宣告を受けた四十いくつかの太った大男だった。もう一人は、やはり四十いくつかの上方者らしい優男で、これは紙幣偽造で京都から控訴か上告かしてきているのだった。そして最後のもう一人は、六十いくつかの白髪豊かな品のいい老人で、詐欺取財で僕よりもあとにはいってきて、僕らの仲間にはいったのだった。

強盗殺人君はよく北海道から逃亡したときの話をした。一カ月ばかり山奥にかくれて、手当たり次第に木の芽だの根だのを食っていたのだそうだが、

「なんだって食えないものはないよ、君。」

と、入監以来どうしても剃刀を当てさせないで生えるがままに生えさせている粗髯《そぜん》をなでな

がら、小さな目をくるくるさせていた。

そして、

「どうせ、いつ首を絞められるんだか分からないんだから……。」

といって、できるだけわがままをいって、少しでもそれが容れられないと荒れ狂うようにして乱暴した。湯もみなよりは長くはいった。運動も長くやった。おかげさまで僕らの組のものはいろいろと助かった。この男の前では、どんな鬼看守でも、急に仏様になった。看守がなにか手荒なことを囚人や被告人に言うかするかすれば、この男は仁王立ちになって、ほかの看守がなだめにくるまで怒鳴りつづけ暴れつづけた。その代わり少しうまくおだてあげられると、猫のようにおとなしくなって、子供のように甘えていた。

ある時なぞは、窓のそとを通る女看守が、その連れてきた女の被告人か拘留囚かがちょっと編笠をあげて男どものいる窓の方を見たとかいって、うしろから突きとばすようにして叱っているのを見つけた彼は、終日、

「伊藤の鬼婆ぁ、鬼婆ぁ、鬼婆ぁ！」

と声をからして怒鳴りつづけていた。看守の名といっては、だれ一人のも覚えていない今、

この伊藤という名だけは今でもまだ僕の耳に響き渡って聞こえる。なんでも、もうだいぶ年をとった、背の高い女だった。その時には、ちょうど僕も、雑巾桶を踏台にして女どもの通るのを眺めていた。

仲間のものにはごく人の好いこの強盗殺人君が、たった一度、紙幣偽造君を怒鳴りつけたことがある。偽造君は長い間満州地方で淫売屋をしていたのだそうだ。そしてそのたびたび変えた女房というのはみんな内地で身受けした芸者だったそうだ。偽造君はそれらの細君にもやはり商売をさせていたのだ。

「貴様はひどい奴だな、自分の女房に淫売をさせるなんて、この馬鹿ッ。」

と殺人君は運動場の真ん中で、恐ろしい勢いで偽造君に食ってかかった。それをようやくのことで僕と詐欺老人とでなだめすかした。

「俺は強盗もした。火つけもした。人殺しもした。しかし自分の女房に淫売をさせるなぞという悪いことはしたことがない。君はそれでちっとも悪いとは思わんのか。気持ちが悪いことはないのか。」

ようやく静まった彼は、こんどはいつものように「君」と呼びかけて、偽造君におとなしく詰問した。

「いや、実際僕はちっとも悪い気もせず、また悪いとも思っちゃいない。まるで当たり前のようにして今までそうやってきたんだ。それに僕の女房はいっでも一番たくさん儲けさしてくれたんだ。」

偽造君はまだ蒼い顔をして、おずおずしながら、しかし正直に白状した。品はいいがしかしどこか助平らしい、いつも十六、七の女を妾にしているという詐欺老人は「アハハハ」と大きな口を開いてうれしそうに笑った。殺人君はあきれた奴らだなというような憤然とした顔はしながら、それでもやはりしまいには詐欺老人と一緒になってにこにこ笑っていた。

偽造君と詐欺老人とは仲よく一緒に歩いていた。二人は「花」の賭け金の額を自慢し合ったり、自分の犯罪のうまくいったときの儲け話などをしていた。偽造君は前にロシア紙幣の偽造をして、ずいぶん大儲けをしたことがあるんだそうだ。詐欺老人のはたいてい印紙の消印を消して売るのらしかった。そして老人は、

「こんど出たら君がやったような写真で偽造をしてみようか。」

といいながら、しきりに偽造君に、写真でやる詳しい方法の説明を聞いていた。

僕は折々差し入れの卵やパンを殺人君に分けてやって、その無邪気な気焔を聞くのを楽しみにしていた。

殺人君は宣告後三年か四年か無事でいて、たぶん証拠が十分でなかったのだろうと思うが、その後また死一等を減ぜられて北海道へやられたそうだ。

一九一五年（大正四）九月十五日の平民講演会。前列左から、吉川守圀、相坂佶、荒畑寒村、大杉栄、堀保子、宮嶋資夫、川上真行、古川啓一郎、渡辺政太郎。後列左から、有吉三吉、斉藤兼次郎、山鹿泰治、宮嶋麗子、林倭衛、浅枝次朗。

巣鴨の巻

ちょいと眼鏡の旦那

巣鴨行きといえば、世間では、電車は別として多少気のふれた人間のことを指すが、僕らの間では監獄行きのことになる。だがこの僕らという奴らは世間からはずいぶん気違い扱いされてもいるのだから、どっちにしても要するに同じことになるのだろうが。

この巣鴨へは都合三度行った。と言っても実は二度で、最初の新聞紙条令違犯で食っているうちに、二度目の新聞紙条令違犯がきまって、前のが満期になるとすぐ引き続いてあとのを勤めた。つぎが治安警察法違犯。

*

たぶん鍛冶橋のだろうと思うが、古いいわゆる牢屋が打ち壊されて、石と煉瓦との新しい監獄がここにできたとき、その古い牢屋の古木で古い牢屋そのままの建物が一つここの一隅に建てられた、という話だ。そしてこの建物は、めくらだとかびっこだとか、足腰のろくに利かない老人だとかの、片輪者や半病人をいれる半病監みたようなものになっていた。僕は二度ともこの建物の中の広い一室をあてがわれた。

はじめ東京監獄からここに移されて、冷たい暗い一室の中にほうり込まれたときには、実は少々心細かった。春ももう夏近い暖かい太陽のぽかぽかと照る正午近いころだった。それだのに、室《へや》へはいると急に冷たい空気にからだじゅうをぞっと打たれる。四方の真白《まっしろ》に塗った煉瓦の壁や、入口の大きな鉄板の扉は、見るからにひいやりとさせる。試みにこれに手をあててみると、そこからぞくぞくと冷たさが身にしみてくる。それに、窓が伸びあがってもとどかない上の方に小さく開いているので、薄暗くて陰気だ。座席として板の間に敷いてある一枚のうすべりまでが、べとべとと湿っているような気がする。

命ぜられたまま、扉に近く扉の方に向いてこのうすべりの上に坐っていたが、その扉は上下が鉄板でその間が鉄の格子になっていて、しかも僕の室のすぐ真ん前に看守がテーノルを控えて突っ立っているので、絶えず監視されているという不愉快が、その看守のたいして意地悪そうでもない平凡な顔をまでも妙に不愉快にさせる。「石の家は人の心を冷たくする」というロシアの諺が思い出されて、ちょいちょいぬすみ見するようにして僕の方を見るその看守を、この男はきっと冷たい心を持っているに違いないなぞと思わせる。

やがて、しばらく廊下でガタガタ騒がしい音がすると思っていると、看守が扉を開けて「出ろ」というので出てみると、二〇人ばかりの囚人が向かい合って二列にコンクリートの上のうすべりに坐って、両手を膝に置いて膳に向かっている。僕もその端に坐った。

「礼!」

初めての僕にはちょっと何の意味だか分からない大きな声の号令がかかった。みんなは膝に手を置いたままのかたちで首を下げた。僕はぼんやりしてみんなのすることを見ていた。

「喫飯《きっぱん》!」

また何のことだか分からない、ただ「ぱあん」というのだけがはっきりと響く、大きな声の号令がかかった。みんなは急いで茶碗と箸とを手に持った。そしてめいめい別な大きな茶碗の中に円錐形の大きな塊に盛りあげられている飯を、大急ぎに、餓鬼道の亡者というのはこんなものだろうと思われるように、掻きこみ始めた。どんぶりから茶碗へ飯を移す、それを口に掻きこむ、のみこむ、また掻きこむ、のみこむ。その早さは本当に文字どおりの瞬く間だ。僕はあっけにとられて見ていた。

「何千何百何十番！」

看守がまた大きな声で怒鳴った。僕はびっくりしてその方を向いた。

「何をぼんやりしているんだ。早く飯を食わんか。」

看守は僕に怒鳴っているんだ。僕は自分の襟をうつむいて見て、その何千何百何十番というのが自分のきょうからの名前だということに初めて気がついた。そして急いで茶碗をとりあげた。が、僕がその円錐形の塊の五分の一くらいをようやくもぐもぐと飲みこんだころには、もうみんなは最初のようにその膝に手を置いてかしこまっていた。

その後も終始見たことではあるが、囚人らの飯を食うのの速いのは実に驚くほどだ。まるで歯なぞというものは入用のないように、ただ掻きこんではのみこむ。

「どうも仕方がないんです。いくらからだに毒だからと言っても、どうしてもああなんです。しかしその言い分を聞くと、ずいぶん無茶なことではありますが、多少の同情はされるのです。よく噛んでいた日にゃ、すぐにこなれて腹がへって仕方がないというんですな。」

坊さんは坊さんらしく、ある時教誨師とその話をしたら、眉をひそめながらにこにこしていた。

僕はこの上もぐもぐやるのも、きちんと正座して待っているみんなに相済まず、自分でも少々きまりは悪し、それにもみだくさんの南京米四分麦六分といういわゆる四分六飯にだいぶ閉口もしていたのだから、そのまま箸をおいた。

みんなはめいめいの室に帰された。いいかげん心細くなっていた僕は、この喫飯で、また例の好奇心満足主義に帰った。そして僕らの仲間たちでその数年前に初めてここへはいった堺の話のように、はいってすぐ身体検査をされるとき、裸体のまま四つんばいになって尻の穴をのぞかれたり、歩くのに両手を腰にしっかりとつけて決して振っちゃいけないというようなことが、今ではもう廃止されているのがかえって物足りなく思えた。

その翌朝、僕はさきに言った半病人や片輪者の連中の中へ移された。今までいたところは、新入りや、翌日放免になるものや、または懲罰的に独房監禁されたものなどの一時的にいる、特別の建物であったのだ。

＊

石川三四郎と山口とはすでに、やはり新聞紙条令違犯で、その一室を占領していた。山口、石川、僕という順で、僕はその隣りの室へ入れられた。一〇畳か一二畳も敷けようと思われる広い室だ。前後が例の牢屋ふうの格子になっていて、後ろの格子には大きな障子がはまっていて、その障子を開けるとそとにはすぐそばに大きな桐の木が枝を広げていた。前の格子は、三尺ばかりの土間を隔てて、やはり障子と相対していた。この障子の向こうにもやはり桐の木が見えた。室の左右は板戸を隔てて他の同じような室と続いていた。土間には看守がぶらぶらしている。

「はあ、この格子だな、例のは。」

と僕は、土間に近い一隅にうすべりを一枚敷いて、その格子の眼の前に坐ったとき、堺の話を思い出した。堺が前にはいったときにもやはりここに入れられたのだ。そして堺は教科書事件の先生や役人と一緒に同居した。小人で閑居していればそんな不善はしないのだろうが、大勢でいるととんだ不善な考えを起こすものとみえる。みんなはこの格子を女郎屋の格子に見立て、また髯っ面の自分らを髯女郎《インテレクチユアルプロスティテユート》の洒落でもあるまいが、とにかく女郎に見立て、そしてけしからんことには看守をひやかし客に見立てて「もしもし眼鏡の旦那、ちょいとお寄りなさいな」というような悪ふざけをして遊んだそうな。

僕もこの髯女郎になってからはすっかり気が軽くなった。室は明るい。そとはかなり自由に眺められる。障子は妙にアト・ホームな感じを抱かせる。すぐ隣りには仲間がいる。看守も相手が片輪者や老人のことだから特に仏様を選んであるらしい。

旧友に会う

その室へ移されてから一時間ばかりしてからのことだ。ふいと、僕の室の前に突っ立って、しきりと僕の顔を見つめている囚人がある。僕も見覚えのある顔だとは思いながら、ちょっと思い出せずにその顔を見ていた。

「やあ!」

とようやく僕は思い出して声をかけた。

「うん、やっぱり君か。さっきから幾度も幾度も通るたんびに、どうも似た顔だと思って声をかけようと思ったんだが。いったいどうしてこんなところへきたんだ。」

その男は悲痛な顔をして不思議そうに尋ねた。しかし僕としては、僕自身がこんなところへくるのは少しも不思議なことではなく、かえってこんなところでその男と会う方がよほど不思議であったのだ。

「僕のは新聞のことなんだが、君こそどうしてきたんだ。」

「いや、実に面目次第もない。君はいよいよ本物になったのだろうけど。」

その男は自分の罪名を聞かれると、急に真赤《まっか》になって、こういいながら、

「失敬、また会おう。」

と逃げるようにして行ってしまった。

彼と僕とはかつて同じような理由で陸軍の幼年校を退学させられた仲間だった。彼は仙台の幼年校、僕は名古屋の幼年校ではあったが、もう半年ばかりで卒業という時になって、ほとんど同時に退校を命ぜられた。そして二人ともすぐ東京に出てきて偶然出会った。彼にはなお一緒に仙台を逐《お》い出された二人の仲間があった。その一人は小学校以来の僕の幼な友達だった。かくして四人の幼年校落武者が落ち合った。そしてそこへまた、大阪や東京の落武者が寄り集まって、八、九人の仲間ができた。みんなは退校処分という恥辱をそそぐために、互いに助け合ってうんと勉強する誓いを立てた。みんなはすぐにあちこちの中学校の五年へはいった。が、彼ともう一人の仲間とが中途で誓いを破って遊びを始めた。みんなは憤慨して数回忠告した。そしてついに絶交を宣告した。翌年他の仲間のみんなはそれぞれ専門学校の入学試験に通過し

た。しかしその二人だけはどこでどうしているのか分からなかった。みんなは絶交を悔いていた。ちょうどそれから四、五年目になるのだ。僕の入獄は彼から見れば「いよいよ本物になったのだ」ろうが、彼自身の入獄は当時の絶交と思い合わして「実に面目次第も」なかったことに違いない。しかし僕としては、僕らが彼に申し渡したその絶交が、今になってなおさらに悔いられるのであった。

彼は早稲田辺で、ある不良少年団の団長みたようなことをしていたのだそうだ。そしてその団員の強盗というほどでもないほんの悪戯《いたずら》から、彼は強盗教唆という恐ろしい罪名が負わせられたのだそうだ。そしてかつて仙台陸軍地方幼年学校の一秀才であった彼は、今この巣鴨監獄で、他の囚人に食事を運んだり仕事の材料を運んだりする雑役を勤めているのであった。

彼は僕が二度目にきて満期近くなるまで、この建物の中に雑役をしていた。どこでどうして手に入れてくるのか知らないが、ある時なぞは、ほとんど毎日のように氷砂糖の塊を持ってきてくれた。そして毎月一度面会にくる女房をどこでどうして知ってくるのか、「君、奥さんがきてるよ。もうすぐ看守が呼びにくるだろうから用意して待っていたまえ」なぞと知らしてくれたりした。

ある日急に彼の姿が見えなくなった、その日の夜、ある看守の手を経て「あす仮出獄で出る、君が出ればすぐ会いに行く」といった紙きれを受け取ったが、それっきり彼とはまだ一度も会わない。

二十五年目の出獄

この男と一緒にやはり雑役をしていた、もう六十を越した一老人があった。やはり僕が二度目の満期になる少し前に放免になったのだが、なんでも二十五年目とか六年目とかで日の目を見るのだといっていた。

「電車なんてものはどんなものだか、いくら話に聞いても考えても分かりませんや。何しろ電燈だって初めてここで知ったんですからな。」

ある時彼は夢見るような目つきで電燈を見あげながら言った。

看守がそばにいて、一緒になって話をするときには、彼はよくいろんなことを話した。しかしそうでないときには、雑役としての用以外には、ほとんど一言もきかない。自分の監房にいるときでもやはりそうだ。みんなが看守のすきを窺ってはいろんな悪戯《いたずら》やおしゃべりをするときにも、彼だけは一人黙ってふり仮名つきの何かの本を読んでいた。話しかけられても返事をしない。雑役としての用をするときにも、よほど意地の悪い看守よりも、もっと一刻者だった。

「おい君、こんなきたない着物じゃしょうがないじゃないか。もっと新しいのを持ってきてくれたまえ。」

僕は一度この老人にその持ってきた着物の不足をいった。

「贅沢言うな。」

老人はこう言い棄てて隣りの室の方へ行った。

「おい、君、君!」

と僕は少し大きな声で呼び帰そうとした。看守はそれを聞きつけてやってきた。そして一応僕の苦情を聞いて、

「新しいのを一枚持ってきてやれ。」

と老人に言いつけた。老人はぶつくさ言いながらまた取りに行った。

これはこの老人の一刻者らしいいい例ではないが、とにかくすべてがこの調子だった。他の囚人の苦情なぞは一切取りいれない。毎日半枚ずつ配ってくれる落紙《おとしがみ》ですら、腹工合が悪いからもう一枚くれと言っても、決して余計にくれたことはない。時には、いいから何とかしてや

れなどという看守に、獄則を楯にして食ってかかることすらあったが、この獄則を守る点では、さきにも言ったようにまるで裏表のない、獄則そのものの権化といってもいいくらいだった。数年前の規則そのままに、歩くときには手を少しも振らないように、五本の指をぴんとのばして腰にしっかりと押しつけていた。賞標の白い四角な片《きれ》も三つほど腕につけていた。

最初殺人で死刑の宣告を受けたのを、終身に減刑され、その後また何かの機会に減刑また減刑されて、ついに放免になったのだそうだ。一刻者は最初からの、しかし正直者というほどの意味で一刻者であったらしいが、入獄以来その一刻から出た犯罪を後悔するとともに、その一刻をただ獄則厳守のことにのみ集中させて、ますます妙な一刻者になったものらしい。

びっこの少年

隣りの室には一〇人ばかり片輪者が同居していた。その中に、七十いくつかの老人と、森の中にでもいればどうしてもチンパンジーとしか思えないような顔つきの若い大男と、尻が妙に出っぱってびっこをひいて歩く少年とがいた。チンパンジーは盲というほどでもないが、両眼ともよく見えなかったらしい。高い眉の下にひどく窪んだ細い眼をいつもしょぼしょぼさせていた。この男は僕がいる間に一度ちょっと出てまたすぐはいってきた。みんなほんのこそこそ盗棒《どろぼう》らしかった。

この少年はひょうきん者で、一日みんなを笑わせては騒いでいた。だれかがブッと屁をひる。するとこの少年は、「うん、うん、よしよし」なぞと、赤ん坊でもなだめすかすようなことをいう。一日に幾度とちょっとは数えきれないほどみんなはよく屁をひった。そしてそのたんびにこの少年はこんなことを言ってはみんなを笑わしていた。隣りで聞いている僕も時々吹き出した。

仕事がいやになるとみんなはよく便所へはいって一休みした。

「いつまで便所にはいってるんだ。」

時々は看守も二、三度回ってきてまた同じ人間が便所にしゃがんでいるので小言をいう。すると少年は「どうも難産で」といいながら「うん、うん」と唸ってみせる。みんなはどっと笑う。看守も仕方なしに「いいかげんにして出ろ」と言い棄てて行ってしまう。

この隣りの笑い声で、どれほど僕は、長い日の無聊を慰められたか知れない。

獄中からの手紙

僕の生活は、毎朝起きるとまずこの広い室のふき掃除をして、あとは一日机に向かって読み書き考えてさえいればいいのだった。

本は辞書のほか五、六冊ずつ手もとに置くことができた。そしてそれを毎週一回新しいのと代えてもらうことができた。ペンとインキとノートとは特別に差し入れを許された。

そのころの生活を当時の気持ちそのままに見るために、獄中から出した手紙の二、三をつぎに採録してみる。いずれも最初の時のものだ。

暑くなったね。それでも僕らのいる一一監というところは獄中で一番涼しい所なのだそうだ。煉瓦の壁、鉄板の扉、三尺の窓のほかの監房とは違って、ちょうど室の東西がすべて三寸角の柱の格子になっていて、そのうえ両面とも直接に外界に接しているのだから、風さえあればともかくも涼しいわけだ。それに一二畳ばかりの広い室を独占して、八畳づりの蚊帳の中に起きてみつ寝てみつなどと古く洒落ているのだもの。平民の子としてはむしろ贅沢な住居《すまい》だ。着物もことに新しいのを二枚もらって、その一枚を寝巻にしている。時に洗濯もしてもらう。

老子の最後から二章目の章の終わりに、甘其食、美其衣〔服〕、安其所〔居〕、楽其俗、隣国相望、鶏犬声相聞、民至老死不相往来〔注〕という、その消極的無政府の社会が描かれてある。最初の一字の甘しとしただけがいささか覚束ないように思うけれど、まず僕らの今の生活といえば、まさにこんなものだろうか。妙なもので、このごろは監獄にいるのだという意識が、ある特別の場合のほかはほとんど無くなったように思う。（堺宛）

〔注〕老子「道徳経」の一節。【読み】その食を甘《うま》しとし、その服を美とし、その居に安んじ、その俗を楽しむ。隣国《りんごく》相望み、雞犬《けいけん》の声相聞こゆるも、民は老死に至るまで相往来《おうらい》せず。【訳】食べ物がうまく、着る物が美しく、住む処に満足し、日々の生活を楽しんで暮らす。隣国が互いに見え、鶏や犬の鳴き声が聞こえるほど近くても、人々は老いて死ぬまで、その隣国と行き来することはない。（それが理想的な国だ）

この蚊帳で思い出すが、ある夜、暑苦しくて眠れないので、土間をぶらぶらしている看守に話しかけた。

「少しくらい暑くたって君らはいいよ。僕はさっきから蚊帳の中に寝ている君らを見ながらつくづく思ったんだ。こうして格子を間にして君らの方を見ていると、実際どっちが本当の囚人だか分からなくなってくるよ。」

看守は笑いながらではあるが、しみじみとこぼして言った。

＊

それからしばらくして幸徳に宛てた手紙を出した。

暑かった夏も過ぎた。朝夕は涼しすぎるほどになった。そして僕は「少し肥えたようだね」などと看守君にからかわれている。

このごろ読書をするのにはなはだ面白いことがある。本を読む。バクーニン、クロポトキン、ルクリュ、マラテスタ、その他どのアナーキストでも、まず巻頭には天文を述べてある。つぎに動植物を説いてある。そして最後に人生社会を論じている。やがて読書にあきる。顔をあげてそとを眺める。まず目に入るものは日月星辰《じつげつせいしん》、雲のゆきき、桐の青葉、雀、鳶、烏、さらにくだっては向こうの監舎の屋根。ちょうどいま読んだばかりのことをそのまま実地に復習するようなものだ。そして僕は、僕の自然に対する知識のはなはだ浅いのに、いつもいつも恥じ入る。これからは大いにこの自然を研究してみようと思う。

読めば読むほど、考えれば考えるほどどうしてもこの自然は論理だ。論理は自然の中に完全に実現されている。そしてこの論理は、自然の発展たる人生社会の中にも、同じくまた完全に実現せられねばならぬ。

僕はまた、この自然に対する研究心とともに、人類学や人間史に強く僕の心を引かれてきた。こんなふうに、一方にはそれからそれへと泉のように学究心が湧いてくると同時に、(中略)

兄の健康はいかに。『パンの略取』の進行はいかに。僕は出獄したらすぐ多年宿望のクロ〔クロポトキン〕の自伝をやりたいと思っている。今その熟読中だ。

それからもう出獄近くなって山川に宛てた手紙を出した。その中に法廷に出る云々というは、あとの方の新聞紙条令違犯の公判の時のことだ。

きのう東京監獄から帰ってきた。まず監房にはいって机の前に坐る。本当にうちへ帰ったような気がする。

僕は法廷に出るのが大嫌いだ。ことに裁判官と問答するのはいやでいやでたまらぬ。いっそのこと、ロシアのように裁判しないですぐシベリアへ逐《お》いやるというようなのが、かえって赤裸々で面白いようにも思う。貴婦人よりは淫売婦の方がいい。

裁判が済めばまず東京監獄へ送られる。門をはいるや否や、いつも僕は南京虫のことを思って戦慄する。一夜のうちに少なくとも二、三〇カ所は噛まれるのだもの。痛くてかゆくて、寸時も眠れるものじゃない。僕が二、三日して巣鴨に帰ると、獄友諸君からしきりに痩せた痩せたというお見舞いを受ける。

ただ東京監獄で面白かったのは鳩だ。ちょうど飯ごろになると、窓のそとでばたばた羽ばたきをさせながら、妙な声をして呼び立てる。試みに飯を一かたまりほうってやる。十数羽の鳩があわただしくおりてきて、瞬く間に平らげてしまう。またほうってやる。面白いもんだから幾度も幾度も続けざまにほうってやる。飯をみなほうってしまって汁ばかりで朝飯を済ましたこともある。あとで腹がへって困ったが、あんな面白いことはなかった。

巣鴨に帰る。「たいへん早かったね、裁判はどうだった」などと看守君はいろいろ心配して尋ねてくれる。なんだか気も落ちつく。本当にうちへ帰ったような気がする。

しかしこのうちにいるのも、もうわずかの間となった。久しいイナクティブな生活にもあきた。早く出たい。そして大いに活動したい。この活動についてはだいぶ考えたこともある。決心したこともある。出たらゆっくり諸君と語ろう。同志諸君によろしく。

鬼界ヶ島の俊寛

出て一カ月半ばかりして、こんどは堺や山川やその他三人の仲間と一緒に、例の屋上演説事件でまた入れられた。既決になると、その他三人というのが東京監獄に残されて、堺と山川と僕とが巣鴨へ送られた。

「やあ、また来たな。」

と看守や獄友諸君は歓迎してくれる。

「またやられたよ。しかしこんどは、まだろくに監獄の気の抜けないうちに来たのだから、万事に馴れていて好都合だ。」

僕は当時われわれの機関であった『日本平民新聞』の編集者で、その後幸徳らと一緒に死刑になった森近運平に宛てて、こんな冒頭の手紙を書いて送った。

山口は何かの病気で病監にはいっていた。山川はたしかほかの建物へやられたように思う。

石川、僕、堺という順で、相ならんでいた。

堺はもう格子につかまって「ちょいとお髯の旦那」をやる当年の勇気も無くなっていたが、石川と僕とは盛んに隣り合っていたずらをした。運動の時にそとで釘を拾ってきて、二人の室の間の壁に穴をあけた。本やノートに飽きるとその穴から呼び出しをかける。石川が話している間は僕は耳をあてている。僕が話をする間は石川が耳をあてる。ところがこれがなかなかうまく行かない。時々二人で口をあて合ったり耳をあて合ったりすることがある。どうしたのかと思って、耳をはずしてのぞいて見ると、向こうでも耳をあてて待っている。ちょっと議論めいたことになると、お互いに「こんどは俺がしゃべるんだからお前は聞け」と言い合って、小さな穴を通して唾を飛ばし合う。時とすると、「しばらくそこで見ておれ」といって、室の真ん中へ行って踊ってみせたりする。

こんなことをしてふざけながらも、石川は二千枚近い西洋社会運動史を書いていた。これはのちに出版されて発売禁止になった。堺と僕とは当時堺の編集で『平民科学』という題で出していた叢書を翻訳していた。山川もやはりそれをやっていた。

そしてちょうどこの翻訳が一冊ずつ出来あがったころに堺と山川と僕とは満期になった。

「かわいそうだがちょうど鬼界ヶ島の俊寛という格だな。しかしもう少しだ。辛棒しろ。」

堺と僕とは石川にこう言いながら、

「おい、俊寛、さようなら。」

とからかってその建物を出た。

千葉の巻

うんと鰯が食えるぜ

が、また半年もたつか経たぬ間に、こんどは例の赤旗事件で官吏抗拒、治安警察法違犯という念入りの罪名で、その事件の現場から東京監獄へ送られた。同勢一二名、うち女四名。堺、山川、荒畑〔寒村〕なぞもこの中にいた。女では、巡査の証言のまずかったためにうまく無罪にはなったが、のち幸徳と一緒に雑誌を創《はじ》めて新聞紙法違犯に問われ、さらにまた幸徳らと一緒に死刑になった、かの管野須賀子もいた。

と同時に、二年前に保釈出獄した電車事件の連中も、一審で無罪になったのを検事控訴の二審でまた無罪になり、さらに検事の上告で大審院から仙台控訴院に再審を命ぜられ、そこで初めて有罪になったのを、こんどはこちらから上告して大審院で審議中であったのだが、急に保釈を取り消されてやはり東京監獄に入監された。この連中が西川、山口などの七、八名。僕はこの両方の事件にまたがっていた。

東京監獄は仲間で大にぎやかになった。しかし、やがて女を除くみんなが有罪にきまったとき、東京監獄ではこれだけの人数を一人一人独房に置くだけの余裕も設備もなかった。僕らは一種の悪伝染病患者のようなもので、他の囚人と一緒に同居させることもできず、また仲間同士を一緒に置くことはさらにその病毒を猛烈にする恐れがある。そこでみんなは、最新式の建築と設備とをもって模範監獄の称のある、日本では唯一の独房制度の千葉監獄に移されることになった。

千葉は東京に比べて冬は温度が五度高いというのに、監獄はその千葉の町よりももう五度高いというほどの、そして夏もそれに相応して涼しい、千葉北方郊外の高燥な好位置に建てられていた。

「あれがみんなの行くとこなんだ。」

汽車が千葉近くなったとき、輸送指揮官の看守長が、ちょうど甥どもを初めて自分のうちへ連れて行く伯父さんのような調子で（実際この看守長は最後まで僕らにはいい伯父さんだった）、いろいろその自分のうちの自慢をしながら、左側の窓からそとを指さして言った。みんなは頸をのばして見た。はるか向こうに、小春日和の秋の陽を受けて赤煉瓦の高い塀をまわりに燦然として輝く輪喚の美が見えた。何もかもあの着物と同じ柿色に塗りたてた建物の色彩は、雨の日や曇った日には妙に陰欝な感じを起こさせるが、陽を受けると鮮やかな軽快な心持ちを抱かせる。

「鰯がうんと食えるそうだぜ。」

僕はすぐそばにいた荒畑に、きのう雑役の囚人から聞いたそのままを受け売りした。幾回かの入獄に、僕らはまだ、塩鱈と塩鮭とのほかのなんらの魚類をも口にしたことがなかったのだ。で、この話を聞いた僕には、それが唯一の楽しい期待になっていたのだ。

「そりゃいいな。早く行って食いたいな。」

荒畑も、そばにいた他の二、三人も、うれしそうにほほえんだ。

下駄の緒の芯造り

着いてみると、なるほど建物は新築したばかりでてかてかてか光っている。室《へや》は四畳半敷ぐらいの、南向きの、明るい小綺麗な室だ。何よりもまず窓が低くて大きい。東京のちょっとした病院の室よりもよほど気持ちがいい。

が、第一にまず役人の利口でないのに驚かされた。着くとすぐ、みんな一列にならべさせられて、受持の看守部長の訓示を受けた。

「こんどはみんな刑期が長いのだから、よく獄則を守って、二年のものは一年、一年のものは半年で出られるように、自分で心掛けるんだ。」

というような意味のことを繰り返し繰り返し聞かされた。僕らはあざ笑った。こんなだましが僕らにきくと思っているんだ。また、よし本当に好意でそう言ってくれたものとしても、僕らに仮出獄なぞというい わゆる恩典があるものと思うのもあまりに間が抜けている。まるで僕らを知らないんだ。それだけならまだいい。この訓示が済んで、一行八人(電車事件の方は一足さきに来た)が別々に隣り合った室へ入れられたとき、こんどは受持の看守が、

「つまらんことでだいぶ食ったもんだな。一度はいるとだいぶもらえるという話だが、こんどはみんないくらずつもらったんだ。」

という情けないお言葉だ。政党か何かの壮士扱いだ。さすがの堺をはじめみんなは顔見合わせて苦笑するのほかはなかった。ただ、ふだんは神経質に爪ばかり噛っているように見えたのが、入獄以来その快活な半面をしきりに発揮しだした荒畑が、「アハハア」と大きな声を出して笑った。看守はけげんな顔をしていた。

上典獄をはじめ下看守にいたるまでがほとんどすべてこの調子なのだからやりきれない。

それに、第一に期待していた例の鰯が、夕飯には菜っ葉の味噌汁、翌日の朝飯が同じく菜っ葉の味噌汁、昼飯が沢庵ふた切れと胡麻塩、ときたのだからますますたまらない。

加うるにこんどは今までの禁錮と違って、懲役というのだから、一定の仕事を課せられる。しかもその仕事が、東京監獄ではごく楽で綺麗な経木あみであったのが、南京麻の堅いのをゴシゴシもんで柔らかくして、それで下駄の緒の芯をなうのであった。手があれる。だけならま

だしも下手をやると赤むけになる。埃が出る。かなり骨が折れる。それを昼の間十時間ぐらいやって、その上にまた夜業を二、三時間やらされる。初めの一日でうんざりしてしまった。

三度減食を食う

三日目か四日目のことだ。毎日のこの仕事に疲れ果てて、少しでも仕事の手を休めていると、うとうとと眠ってしまう。坐りながら幾度か眠っては覚め、眠っては覚めしているうちに、とうとう例の胡麻塩の昼飯後の三十分か一時間かの休憩時間に、いつの間にか居眠りのまま横に倒れてしまった。

「こら、起きろ!」

という声にびっくりして目を覚ますと、僕は自分のそばに畳んである布団の上に半身を横たえて寝ていた。

「横着な奴だ。はいる早々もう真っ昼間から寝たりなんぞしやがって、貴様は監獄の規則なんぞなんとも思ってないんだな。」

看守は、貴様のような壮士がなんだという腹を見せて、威丈高になって怒鳴りつづけた。

しばらくして典獄室へ呼びつけられた。僕はみちみち、はなはだ意気地のないことだが馴れない仕事に疲れてつい、とありのままの弁解をするつもりで行った。ところが、典獄室にはいって一礼するかしないうちに、

「貴様は社会主義者だな。それで監獄の規則まで無視しようというんだろう。減食三日を仰せつける。以後獄則を犯してみろ。減食ぐらいじゃないぞ。」

と恐ろしい勢いで怒鳴りつけられた。

「ええ、何でもどうぞ。」

と僕は、外国語学校の一学友の、海軍中将だとかいう親爺の、有名な気短屋で怒鳴屋だというのを思い出しながら（典獄はこの学友の親爺といってもいいくらいによく似ていた）、そのせりふめいた怒鳴り方のおかしさを噛み殺して答えた。

「なに！」

と典獄は椅子の上に上半身をのばして正面を切ったが、こちらが黙って笑顔をしているので、

「もういいから連れて帰れ。」

と、こんどは僕のうしろに不動の姿勢をとって突っ立っている看守に怒鳴りつけた。僕は幼

年学校仕込みの「回れ右」をわざと角々《かどかど》しくやって、典獄室を出た。これは幼年校時代の叱られるときのいつもの癖であったが、この時は皮肉でも何でもなく、思わずこの古い癖が出たのだった。

＊

幼年校時代の癖といえば、もう一つ、妙な癖をやはりこの監獄で発見した。

これはその後よほどたってからのことだが、やはりなにか叱られて、看守長室へ呼ばれたことがあった。その看守長はせいの低い小太りで猫背の、濃い口髯の、そしていつも顔じゅう髯だらけにしてその中から意地の悪そうな細い眼を光らしている男だった。僕らはこの男を「熊」と呼んでいた。

はいると、いきなり、

「そこへ坐れ。」

と顎で指さした。見ると、足元にはうすべりが二枚に折って敷かれている。僕は黙って知らん顔をしていた。煉瓦造りの西洋館のうちで、椅子テーブルを置いて、しかも向こうは靴をはいてその椅子に腰かけながら、こちらには土下座をしろというのだ。僕はほとんどあきれ返った。

「なぜ坐らんか。」

「いやだから坐らない。」

「何がいやだ。」

「立っていたって話ができるじゃないか。」

「理屈は言わんでもいいから坐れ。」

「君も坐るんなら僕も坐ろう。」

というような押し問答の末に、さっきからその濃い眉をびくびくさせていた看守長は、決然として起ちあがった。

「命令だ！　坐れ！」

僕はこの命令という声が僕の耳をつんざいたときに、その瞬間に、僕のからだ全体が「ハッ」と恐れ入る何物かに打たれたことを感じた。そしてそれを感じると同時に、その瞬間の僕自身に対する反抗心がむらむらと起こってきた。

「命令がなんだ。坐らせるなら坐らせてみろ。」

さっきまでの冷笑的の態度が急に挑戦の態度に変わった。そしてこの時もやはり、前の典獄室における同じように、そのまま自分の室へ帰された。叱られるはずのことには一言も及ばないうちに。

この命令だという一言に縮みあがるのは、数千年の奴隷生活に馴れた遺伝のせいもあろうが、僕にはやはり大部分は幼年校時代の精神的遺物であろうと思われる。

僕は元来ごく弱い人間だ。もし強そうに見えることがあれば、それは僕の見え坊から出る強がりからだ。自分の弱みを見せつけられるほど自分の見え坊を傷つけられることはない。傷つけられたとなると黙っちゃいられない。実力があろうとあるまいと、とにかくあるように他人《ひと》にも自分にも見せたい。強がりたい。時とするとこの見え坊が僕自身の全部であるかのような気もする。

＊

こんど犯則があれば減食ぐらいでは済まんぞというはずのが、その後三日間と五日間との二度減食処分を受けた。一度は荒畑と運動場で話したのを見つかって二人ともやられた。もう一度のは何をしたのだったか今ちょっと思い出せない。

荒畑も僕と同じようによく叱られていたが、ある晩あまり月がいいので窓下へ行って眺めて

いると、

「そんなところで何をぼんやりしている。……なに、月を見てるのだ？　月なんぞ見てなんになる？　馬鹿！」

とやられたといって、あとでその話をして大笑いをしたことがあった。

もう半年はいっていたい

要するに僕らは監獄にはいってこれほどの扱いを受けるのは初めてだった。しかし僕らは、先方の扱い如何《いかん》にかかわらず、一年なり二年なりの長い刑期をなんとかして僕ら自身に最も有益に送らなければならない。

僕はその方法について二週間ばかり頭を悩ました。方法といっても読書と思索のほかにはない。要はただその読書と思索の方向をきめることだ。

元来僕は一犯一語という原則を立てていた。それは一犯ごとに一外国語をやるという意味だ。最初の未決監の時にはエスペラントをやった。つぎの巣鴨ではイタリア語をやった。二度目の巣鴨ではドイツ語をちょっとかじった。こんども未決の時からドイツ語の続きをやっている。で、刑期も長いことだから、これがいい加減ものになったら、つぎにはロシア語をやってみよう。そして出るまでにはスペイン語もちょっとかじってみたい、とまずきめた。今までの経験によると、ほぼ三カ月目に初歩を終えて、六カ月目には字引なしでいいかげん本が読める。一語一年ずつとしてもこれだけはやられよう。午前中は語学の時間ときめる。

こういうと、僕はだいぶえらい博言学者のように聞こえるが、実際またこの予定どおりにやり果たして大威張りで出てきたのだが、その後すっかり怠けかつこの監獄学校へも行かなくなったので、今ではまるで何もかも片なしになってしまった。

それから、以前から社会学を自分の専門にしたい希望があったので、それをこの二カ年半にやや本物にしたいときめた。が、それも今までの社会学のではつまらない。自分で一個の社会学のあとを追って行く意気込みでやりたい。それには、まず社会を組織する人間の根本的性質を知るために、生物学の大体に通じたい。つぎに、人間が人間としての社会生活を営んできた経路を知るために、人類学ことに比較人類学に進みたい。そして後に、この二つの科学の上に築かれた社会学に到達してみたい。といま考えるとまことにお恥ずかしい次第だが、ほんの素人考えに考えた。それには、あの本も読みたい、この本も読みたい、と数え立ててそれを読みあげる日数を算《かぞ》えてみると、どうしても二カ年半では足りない。少なくとももう半年は欲しい。

こうなると、今までずいぶん長いと思っていた二カ年半が急に物足りなくなって、どうかしてもう半年増やしてもらえないものかなあ、なぞと本気で考えるようになる。

仕事はある。しかしそれは馴れさえすればなんとでもなる。一日幾百足という規定ではあるが、その半分か、四分の一か、あるいはもっと少なくってもいい。何といわれてもこれ以上はできませんと頑張ればいい。みんなで相談してひそかにある程度にきめればさらに妙だ。現にこの相談はほとんど最初から、自然に出来あがっている。とにかく、できるだけ仕事の時間を盗んで、勉強することだ。

こうきめて以来は滅茶苦茶に本を読んだ。仕事の方は馴れるにしたがってますます早くやれるようになる。それに、下等の南京麻ではない上等の日本麻をやらしてくれる。いよいよますます仕事はしやすい。しかし仕事の分量は最初から少しも増やさない。ただもう看守のすきを窺っては本を読む。

かくして僕は、かつて貪るようにして掻き集めた主義の知識をほとんどまったく投げ棄てて、自分の頭の最初からの改造を企てた。

鱈腹食う夢を見て下痢をする

一方に学究心が盛んになるとともに、僕は僕の食欲の昂進、というよりもむしろ食いっ気のあまりにさもしい意地ぎたなさに驚かされた。

最初の東京監獄の時は弁当の差し入れがあるのだから別としても、そのつぎの巣鴨の時にも、二度目の巣鴨の時にも、刑期の短かったせいかそれほどでもなかったが、こんどは自分ながらあきれるほどにそれがひどくなった。好き嫌いのずいぶんはげしかったのが、何でも口に入れるようになったのは結構だとしても、以前には必ず半分か三分の一か残った、あのまずかった四分六の飯を本当に文字どおり一粒も残さずに平らげてしまう。おはちの隅にくっついているのも、おしゃもにくっついているのも、落ちこぼれたのでさえも、いちいち丁寧にほじくり取り、なで取り、拾い取る。ちゃんと型に入れて、一食何合何勺ときまっている飯の塊を、きょうのは大きいとか小さいとか言ってひそかに喜び、または呟く。看守が汁をよそってくれるのに、ひしゃくを桶の底にガタガタあてるかどうかを、耳をそばだて眼をまるくして注意する。底にあてれば、はいってくる実が多いのだ。それも茶碗を食器箱の蓋に乗せてよそってもらうのだが、その蓋の中にこぼれた汁も、蓋を傾けてすすってしまう。特に残汁《ざんじる》といって、一回りまわった残りをまた順番によそって歩くことがある。その番のくるのがどれほど待ち遠しいか知れない。

小説なぞを読んでいて、なにか御馳走の話が出かかってくれば、急いでページをはぐって、その話を飛ばしてしまう。とても読むには堪えないのだ。そうかと思うと、本を読んでいるときでも、なにか考えているときにでも、またはぼんやりしているときでも、何でもないことがふと食物と連想される。

折々なにか食う夢を見る。堺もよくその夢を見たそうだが、堺のはいつも山海の珍味といったような御馳走が現れて、いざ箸をとろうとすると何かの故障で食えなくなるのだそうだ。堺はひどくそれを残念がっていた。しかるに僕のは、しるこ屋の前を通る、いろんな色の餅菓子やあんころ餅などが店先にならべてある、たまらなくなって飛びこむ、片っ端から平らげて行く、満腹どころか満のどにまでもつめこんでうんうん苦しがる、というようなすこぶる下等な夢だ。そして妙なことには、苦しがって散々もがいたあげく、ふと眼をさますと腹工合が変だ。急いで便所へ行くと一瀉千里の勢いで跳ね飛ばす。そうでなくても翌朝起きてからきっと下痢をする。まるで嘘のような話だ。

しからば色欲の方はどうかというに、これまたすこぶる妙だ。さきの東京監獄や巣鴨監獄では時々妙な気も起きたが、ここへきてからまるでそんなことがない。

僕は子供の時には、性欲を絶った仙人とか高僧とかいうものは非常に偉いものと思っていたが、やや長じてからは、そんな人間があるとすれば老耄《おいぼれ》の廃人ぐらいに考えていた。しかしそれはどちらも誤っていた。僕のような夢にまで鱈腹《たらふく》食って覚めてから下痢をするというほどの浅ましい凡夫でも、時と場合とによれば、境遇次第で、何の苦心も修養も煩悶もなく、ただちに聖人君子となれるのだ。

ある夜などは、自分が不能者になったのかと思って少々心配しだして、わざといろんな場面を回想もしくは想像してみた。が、ついにその回想や想像が一つとして生きてこない。僕はほとんど絶望した。

危うく大逆事件に引き込まれようとする

一カ年の刑期のものはとうに出た。一カ年半のものも出た。二カ年の堺と山川ももう残り少なくなった。そこへ突然検事がきて、今お前らの仲間の間にある大事件が起こっているが知っているかというお尋ねだ。なにか途方もない大きな事件が起きて、幸徳をはじめ大勢拘引されたということはうすうす聞いていた。その知っただけのことを、またどうしてそれを知ったのか、監獄の取締上いちおう聞いておきたいというのだ。うろん臭いのでいいかげんに答えておいた。

すると数日たって、ふいに、恐ろしく厳重な警戒のもとに東京監獄へ送られた。そして検事局へ呼び出されて、こんどは本式に、いわゆる大逆事件との関係を取り調べられた。

「この事件は四、五年前からの計画のものだ。お前らが知らんというはずはない。現にお前らもその計画に加わっていたということは、他の被告らの自白によっても明らかだ。」

と、くどくどと脅されたりすかされたりするのだが、なにぶんなんにも知らないことはやはり知らないと答えるよりほかはない。

監獄では典獄をはじめどの看守でも、しきりに、気の毒そうに同情してくる。

「こんな事件にひっかかったんでは、とても助かりっこはない。本当に気の毒だな。」

と、あからさまに慰めてくれる看守すらある。みんなで僕らを大逆事件の共犯者扱いするのだ。

最初はそれを少々おかしく思っていたが、この同情が重なるにしたがってだんだん不安になりだしてきた。監獄の役人がこれほどまで思っているのだから、あるいは実際検事局で僕らをその共犯者にしてしまってあるのじゃあるまいか、と疑われだしてきた。まさかと打ち消してはみるが、どうしても打ち消しえないあるものが看守らの顔色に見える。そうなったところで仕方がない、とあきらめてもみるが、そうなったのかならぬのか明らかにならぬうちは、やはり不安になる。

やがて堺は無事に満期出獄した。それでこの不安は大部分おさまった。しかしまた役人らの僕に対する態度には少しも変わりがない。僕自身ももう満期が近づいたのだから、出獄の準備をしなければならぬと思って、二カ月に一回ずつしか許されない手紙や面会の臨時を願い出ても、典獄や看守長はそんなことをしても無駄だと言わんばかりのことをいって、いっこう取り合ってくれない。ただ気の毒そうな顔色ばかり見せている。どうかすると僕一人があの中に入れられるのかな、と疑えば疑えないこともない。が、その後少しも検事の調べがないのだから、とまたそれを打ち消してもみる。

その間に僕は大逆事件の被告らのほとんどみんなを見た。ちょうど僕の室は湯へゆく入口のすぐそばで、その入口から湯殿までゆく十数間のそと廊下をすぐ眼の前に控えていた。で、すきさえあれば、窓からその廊下を注意していた。みんな深い編笠をかぶっているのだが、知っているものは風恰好でも知れるし、知らないものでもその警戒の特に厳重なのでそれと察しがつく。

ある日幸徳の通るのを見た。

「おい、秋水！　秋水！」

と二、三度声をかけてみたが、そう大きな声を出すわけにもゆかず（なんという馬鹿な遠慮をしたものだろうと今では後悔している）、それに幸徳は少々つんぼなので、知らん顔をして行ってしまった。

とうとう満期の日がきた。意外なのを喜ぶ看守らに送られて、東京監獄の門を出た。そとでは六、七人の仲間が待っていた。みんなで手を握り合った。

出獄して唖になる

僕は出た日一日は盛んに獄中のことなどのおしゃべりをしたが、翌日からまるで唖のようになってほとんど口がきけない。二年余りの間ほとんど無言の行をしたせいか、出獄してふいに生活の変わった刺戟のせいか、とにかくもとからの吃りが急にひどくなって、吃りともいえないほどひどい吃りになった。

で、その後まる一カ月間ぐらいはほとんど筆談で通した。うちにいるんでも、そとへ出かけるんでも、ノートと鉛筆を離したことがない。

「耳は聞こえるんですか。」

とよく聞かれたが、もちろん耳には何のさわりもない。それでも知らない人は、僕がノートになにか書いて突き出すので、向こうでも同じようにそのノートに返事を書いてよこしたりした。

これは僕ばかりではない。その後不敬事件で一年ばかりはいった仲間の一人も、やはり吃りであったが、出た翌日からほとんど唖になってしまった。そしてやはり僕と同じように、一カ月ばかりの間筆談で暮らしていた。

牢ばいりは止められない

また少々さもしい話になるが、出る少し前には、出たら何を食おう、かにを食おうの計画で夢中になる。しかし出てみると、ほとんど何を食っても極まりなくうまい。まずあの白い飯だ。茶碗を取りあげると、その白い色が後光のように眼をさす。口に入れる。歯が、ちょうど羽布団の上へでも横になったときのように、気持ちよく柔らかいものの中にうまる。と同時に、強烈な甘い汁が舌の先へほとばしるように注ぐ。この白い飯だけでたくさんだ。ほかにはもうなんにも要らない。

「あれを思い出しちゃ、とても牢ばいりはやめられないな。」

前科者同士がよく出獄当時の思い出話をしながら、こう言っては笑う。実際日本飯の本当の味なぞは、前科者でもなければとうてい味わえない。

續獄中記

保子と大久保の家で

畜生恋

僕はいつも独房にばかりいて、雑房の方のことはよく知らない。雑房というのは、詳しく言えば雑居房だ。六人も八人も一〇人も、あるいはもっと多くの囚人が六畳敷か八畳敷かの一室にとじ籠められている。定員四名、現在一二名、というような札が、監房の入口にかけられてあるのも珍しくはない。

多くは同じ性質の犯罪、たとえば泥棒は泥棒と、詐偽は詐偽と一緒に置かれて、数カ月ないし数カ年の間、仲よく泥棒や詐偽の研究をしている。実際みなずいぶん仲がいい。しかしその間にも、他のどこででもあるように、よく喧嘩がある。時としては殺傷沙汰にまでも及ぶ。が、その喧嘩のもとは、他の正直な人々の間のようには、欲得ではない。そのほとんどすべてが恋のいきさつだ。

ちょっと色の生っ白い男でもはいってくれれば、みんなして盛んにちやほやする。まったくの新入りでも、監房や工場のいろんな細かい規則に、少しもまごつくことはない。何かにつけて、うるさいほど丁寧に、よく教えてくれる。かばってもくれる。みんなは、ただそれだけのことでも、どれほどうれしいのか知れない。

こうしてみんなが、若い男のやさしい眼つきの返礼に、何物にも換えがたいほどの喜びを分かち合っている間は無事だ。が、それだけでは、満足のできない男が出てくる。その眼の返礼を独占しようとする男が出てくる。平和が破れる。囚人の間の喧嘩というのは、ほとんどみな、直接間接にこの独占欲の争いに基づく。これは世間の正直な人々の色恋の争いと何の変わりもない。

どこの監獄の囚人の間にも、この種の色情はずいぶん猛烈なものらしい。

もっとも、これだとて、決して囚人特有の変態性欲ではない。女っ気のない若い男の寄宿舎なぞにはどこにでもあることだ。現に僕は、陸軍の幼年学校で、それが知れればすぐに退校されるという危険をすら冒して、忠勇なる軍人の卵どもが、ずいぶん猛烈にこの変態性欲に耽っているのを見た。はなはだお恥ずかしい次第ではあるが、僕もやはりその仲間の一人だった。

その僕が、しかも同志の間ではちょうどピストル強盗といったような形で、赤い着物がよく似合うとからかわれていたほどの物騒な面構えなのにもかかわらず、危うく監獄でこの犠牲になろうとしたことがあった。

千葉でのある日、湯にはいっていると、そこへ見知らぬ男が一人ふいに飛びこんできた。監獄の湯は、どこでもそうらしいが、大勢一緒にはいる大きいのと一人ずつ入れる小さいのとがある。僕らは、いつもはその大きいのに仲間だけが一緒にはいるか、あるいは何かの都合で小さいのに一人ずつ入れられた。その日は一つ一つ板で隔てて一列に並んでいる小さい方へ、みんなが別々に入れられた。ほかの囚人を一緒に入れるはずはないのに、とは思ったが、看守の間違いにしろなんにしろ、とにかくほかの囚人と接触するのは面白いと思って黙っていた。

その男は僕がわざわざ隅に寄って前の方をあけてあるのに、「失敬」といいながら僕の肩を叩いて、後ろへはいろうとした。妙な奴だとは思いながら僕は少し前へ出た。すると、いきなりその男は飛びこんできて、後ろから僕を抱きかかえた。

僕は飛びあがって、そいつの横っ面を一つうんと殴りとばして、そとへ出た。もう「出浴」の号令のかかる間近でもあったのだ。

脱衣場では、同志の村木〔源次郎〕というまだ未丁年《みていねん》の男が一人、蒼い顔をして着物を着かけていた。

「どうした?」

僕はまた例の脳貧血かと思って、そばへ寄って尋ねた。少し長く湯にはいっていると、僕らの仲間はよく、この脳貧血を起こした。

「今、変な奴がはいってきてね、いきなり後ろから抱きかかえやがったもんだから、急いで逃げ出してきたんだ。」

と村木がまだ驚いた顔つきのまま話していたところへ、他の仲間もみな出てきた。そして村木だけならまだしも、ピストル強盗までもやられたというんで、みんなで大笑いした。

が、実際笑いごとじゃないんだ。

女の脛の白きを見て

この畜生同様の囚人の間にあって、僕自身は聖人か仙人かのようであったことは、前にちょっと言った。しかしそれも、僕が特別にえらい非常な修業を積んだ人間だからという、何の証拠にもならない。

人はよく、牢にはいったら煙草が吸えないで困るだろうな、という。僕はずいぶんの煙草飲みだ。が、いまだかつて、そのために牢で困ったことはない。はいるとすぐ、ほとんどその瞬間から、煙草のことなどはまるで忘れてしまう。初めてはいった東京監獄では、看守らが休憩所でやっているのをよく窓から見たが、まるい棒片のようなものをくわえてパッパと煙をはき出しているのが、羨ましいどころではなく本当に馬鹿ばかしく思われて仕方がなかった。そのころは、まだ一人身で堺の家に同居していた、僕の女房の保子が、からかい半分に猫が煙草を吸っている絵はがきを送ってきた。僕はすぐに「あれは物の本で見る煙草というものらしいが、さては人間の食物《たべもの》ではなくして猫の食物《くいもの》か」というような返事を出して、本当に強情な人だといって笑われた。しかしそれは、僕の痩せがまんでも強情でも、何でもない。実際そういうふうに感じたのだ。

僕はなにも牢にはいったら煙草は吸えぬものと覚悟をきめていたわけではない。反対に、煙草ぐらいは吸えるだろうというごく呑気なつもりで、迎いに来られたときには、わざわざその用意までして出かけたのだ。僕はまた、克己とか節制とかいうことの、ことさらの何の修養をも積んでいたわけではない。反対に、そういういわゆる道徳にはわざと反抗して、つまらぬ放縦を尊んでいたくらいだ。

それだのに、警察で煙草を取りあげられたときには少なからず口惜《くや》しかったが、その後はぴったりと煙草というものを忘れてしまった。そしていま言ったようにかえって反感に似たものを持つようにすらなった。

僕がえらいんでも何でもない。だれでもが経験するとおり、電車に乗っていて、そとを通る人間が巻煙草を吸っているのを見ても、別に羨ましがりもせず、時としてはかえってそれを馬鹿ばかしく思うことがあると同じだ。

性欲についてでもやはりそうだ。もっともこれは、煙草の場合のようには、無意識のあきらめとその結果の客観的批評のせいだとは思えない。もう少しこみ入った事情があるように思う。

その一つは、たかだか大根か芋を最上の御馳走とする、ほとんど油っ気なしの食物だ。つぎには、ことに独房では、性欲についてほとんど何の刺戟もないことだ。そして最後には、終日、読書と思索とで根を疲らしきってしまうことだ。

この三つの条件さえそなえていれば、だれでも、何の修養も何の苦悶も何の努力もなしに、ただちに五欲無漏の名僧知識になれる。山にはいるか牢にはいるかだ。

しかし、久米の仙人も雲から足を踏みはずしたように、この牢屋の仙人も時々凡夫に帰る。

ほかでそんな機会はなかったが、東京監獄での第一の楽しみは、女の被告人か囚人かを見ることであった。このことも前にちょっと言った。

僕らはいつも独房の四監か八監かに置かれた。この何監というのはその建物の番号で、中央から半星形に射出した四つの建物に、二階は一監から四監、下は五監から八監の名がついていた。四監は二階で八監はその下だ。そして僕はいつも運よく日当たりのいい南側の室《へや》に置かれた。

この建物の南側に沿うて、そこから五間ばかり隔てて、女監へゆくタタキの廊下がある。毎日一度か二度か三度か、必ず十数名ずつの新入りがここを通って行く。なかなか意気な、きちんとした風のおかみさんらしいのもある。伊達巻姿や、時とすると縄帯姿の、すこぶるだらしのないのもある。その大部分はいわゆる道路妨の拘留囚だそうだ。この道路妨というものについてはまたあとで話しする。

この連中が廊下の向こうからカランコロン、カランコロンとやかましく足音を立ててやってくる。それが聞こえだすと、八監や八監の南側の先生らは、そら来た！とばかりに何事をさしおいても窓ぎわへ走って行く。

僕はいつも走って行って、ようやく眼のところが窓枠に届くくらいなのを、雑巾桶を踏台にして首さしのばして、額を鉄の冷たい格子に押しつけて、見た。そして、あの二番目のはよさそうだなとか、五番目のはなんて風だとかいうようなことを、隣り近所の窓と批評し合った。時とすると、

「おい、三番目の姉さん、ちょいと顔をお見せよ」などと呼ぶ奴もある。

女どもの方でも、自分からちょっと編笠を持ちあげて、こっちを見るのか自分の顔を見せるのか、する奴もある。時とすると、舌を出したり、赤んべをして見せたりする奴すらある。

僕はぼんやりとそれを見ていて、よく看守に怒鳴りつけられた。

＊

たしか屋上演説事件の治安警察法違犯の時と思う。例のとおり警察から警視庁、警視庁から東京監獄へと連れて行かれて、まず例のシャモ箱の中に入れられた。もっともこれは男三郎君の時に話したような面会所のそばのではない。そんなのがあちこちにあるんだ。こんどは、連れてこられるとすぐ、所持品を調べられたり、着物を着換えさせられたり、身分罪名人相などの例のカードを作られたりする、その間自分の番のくるのを待っている、シャモ箱だ。

しばらくすると、背中合わせのシャモ箱の方へも人がはいったような気配がする。ぺちゃくちゃと女のらしい声がする。

「おい、うしろへ女がきたようだぜ。一つ話をしてみようじゃないか。」

と両隣りの堺と山川とに相談して、コツコツとうしろの板を叩いた。向こうでもすぐにやはりコツコツとそれに応じた。

「おい、なんで来たんだい？」

「お前さんは？」

「泥棒さ。」

「じゃ頼もしいわね。わたしはどうろぼうよ。いくら食ったの？」

「たった半年だ。君は？」

「わたしの方は二週間よ、すぐだわ。こんど出たら本当に堅気になろうと思ってるの。お前さん出たらやって来ない？　うちはどこ？」

というような話で、でたらめの所や名を言い合って、とうとう出たら一緒になろうという夫婦約束までもしてしまった。

「だいぶお安くないな。だが、あのどうろぼうというのは何だい？」

「さあ、僕にもよく分からないがね。」

と堺と話している中へ、山川もその詮議に加わって、ようやくそれが道路妨害の道路妨だということが分かった。そして、

「泥棒に道路妨はいいな。」

と三人で大笑いした。さすがの彼女もあからさまにその本職を言いかねたのか、それともほんの語呂合わせのいたずらをやったのか。

＊

また、未決監から裁判所へ喚び出される。その他にも僕はよく、余罪があって、既決監からも裁判所へ喚び出された。たいがいは馬車でだが、巣鴨からは歩いたり車に乗せられたりした。あの赤い着物を着て、編笠をかぶって、素足に草鞋をはいて、腰縄をつけられて引っぱられて行くさまは、たしかに道ゆく婦女子らをして顔そむけしめ唾はかしむるに足るものであろう。しかし向こうの思わくなぞはどうでもいい。こっちはただ、こっちの顔の見えないのを幸いに、向こうの眼のさめるような着物の赤い色と、白い生き生きとした柔《やさ》しい顔の色とに黙って眼じりを下げてさえいればいいんだ。

西洋の野蛮国たるロシアでは、「乞食と囚人とは馬鹿にするな、いつそれがだれの運命になろうものでもない」というような意味の諺があって、囚人が送られるときなぞには、百姓の婆さんや娘さんたちが争って出てきて、牛乳やパンや時とすると銅貨までも施してくれる。そして頰にキッスして「天にましますわれらの神よ、このいと憐れなる汝の子にことさらの御恵みと幸せとを与えたまえ」とお祈りをしてくれる。というような醜態は、東洋の君子国たる日本では、とても望まれない。ましてや道路妨君のようには「頼もしい人だ」なぞとはだれ一人思っちゃくれない。

それでいいんだ。こっちはただ諸君の姿さえ拝ましてもらえればいいんだ。久しぶりでそとへ出て、見るものがすべて美しい。というよりは珍しい。すべてがけばけばしく生き生きとして見える。ことに女は、女でさえあれば、どれもこれも、みな弁天様のように美しく見える。

馬車では、僕はいつも、前か後ろかの一番はじに置かれた。このはじにいなければそとはよく見えない。横はよろい戸になっていて、前後にだけ小さな窓の金網が張ってある。僕は馬車に乗っている間、始めから終わりまで、この金網に顔を押しつけて、額に赤く金網のあとがつくほどに、貪るようにしてそとを眺めた。

*

面会にくる女の顔も美しい。もう幾年も連れ添って見あきるほど見た顔だのに、黙ってその顔を眺めているだけでもいい気持ちだ。眼のふちの小皺や、まだらになった白粉《おしろい》のあとまでが艶めかしい趣きを添える。

僕の故郷

こんなちょいちょいしたエピソードのほかには、うちにいる間は、読書か思索か妄想かのほかに時間の消しかたがない。

読書にも飽き、思索にも飽きてくると、ひとりでに頭が妄想に向かう。それも、そとの現在のことは一切、例の無意識的にあきらめて、考えても仕方のない遠い過去のことか、出獄間近になれば出てからの将来のことなどが思い浮かべられる。

現在の女房のことでも、面会にくるか手紙がくるかの時でもなければ、それも二カ月に一度ずつしかないのだが、滅多には思い出さない。そして古い女のことや、子供のころの女友達のことなぞがしきりに思い出される。

元来僕には故郷というものがない。

生まれたのは讃岐の丸亀だそうだ。が、生まれて半年たつか経たぬうちに東京へきた。そして五つの時に父や母と一緒に越後の新発田へ逐《お》いやられた。東京では父は近衛にいた。うちは麹町の何番町かにあった。僕はその近衛連隊の門の様子と、うちのだいたいの様子と、富士見小学校附属の幼稚園のだいたいの輪郭とのほかには、ほとんど何の記憶もない。

僕の元来の国、すなわち父祖の国は、名古屋を西にさる四、五里ばかりの津島に近いある村だが、そこには自分が覚えてからは十四の時に初めてちょっと伯父の家を訪うて、その翌年名古屋の幼年学校にはいってから時々ちょいちょい遊びに行ったに過ぎない。少しも自分の国というような気はしない。本籍はそこにあったのだが、その後東京の自分の住んでいた家に移した。ただ越後の新発田にだけは、五つから十五までのまる十年間いた。その後も十八の時までは毎年暑中休暇に帰省した。したがってもし故郷といえばそこを指すのが一番適切らしい。

名古屋から初めて暑中休暇に新発田へ帰るみちで、直江津から北越鉄道に乗り換えて長岡を越えて三条あたりまで行ったころかと思う。ふと僕は、窓の向こうに、東北の方に長く連なっている岩越〔磐越〕境の山脈を眼の前に見て、思わず快哉《かいさい》を叫びたいほどのあるインスピレーションに打たれた。その山脈は僕がかつて十年間見たそのままの姿なのだ。そしてそのあちこちには、僕がかつて遊んだ、いくつかの山々が手にとるように見えるのだ。

初めて僕は故郷というものの感じを味わった。

「故郷はインスピレーションなり」といった蘇峰かだれかの言葉が、初めて身にしみて感じられた。が、うれしさのあまり、その時にはまだ、これが故郷の感じだという理智は、その感じの解剖は、本当にはできていなかった。蘇峰かだれかの言葉というのも、どうやら、その後のある時に思い出したもののようだ。

この故郷の感じは、その「ある時」になって、再び十分に味わった。そしてこれがいわゆる故郷の感じだということは、その「ある時」になって、初めて十分に知った。

はじめ半年ばかりいて、出てからまだ二月とは経たぬうちに、再び巣鴨へやられたときのことだ。巣鴨のあの鬼ヶ島の城門を、護送の看守が「開門！」と呼ばわって厚い鉄板ばりの戸を開かせて、敷石の上をガラガラッと馬車を乗りこませた時だ。

僕はいつものように、馬車の中の前のはじに腰をかけて、金網越しにそとを眺めていた。門が開くと監獄の建物の前の、広い前庭の景色が眼にはいった。その瞬間だ。僕は思わず腰をあげて、金網に顔をよせて、建物のすぐ前に並んでいる桧か青桐かの木を見つめた。そしてしばらく、と言っても数秒の間だろうが、あの一種の感に打たれてぼんやり腰を浮かしていた。それに気がつくと、すぐに僕は、かつて帰省のみちに汽車の中で打たれたあのインスピレーションを思い出した。ちっとも違いはない、同じ親しみと懐かしさとの、そして一種の崇高の念の加わった、インスピレーションだ。

僕は初めて、これが本当の故郷の感じなのだ、あの時のもやはりそうだったのだ、と本当に直覚した。

馬車から降りる。何一つ親しみと懐かしみとの感ぜられないものはない。会う看守ごとに、「やあ、また来たな」といわれるのすらも、古い幼な友達か何かの、暖かい挨拶に聞こえる。そしていよいよ、前にいた例の片輪者の建物に連れて行かれて、お馴染《なじみ》のみんなのにこにこした目礼に迎えられて、前にいた隣りの室に落ちついたときには、本当に久しぶりで自分のうちへ帰ったような気持ちがした。

監獄を自分の故郷や家と同じに思うのは、はなはだけしからぬことでもあり、またはなはだ情けないことでもあるが、どうも実際にそう感じたのだから仕方がない。巣鴨は僕が初めて既決囚として入監させられた、したがって最も印象の深い生活を送らせられた監獄だ。それに囚人は、他の一切の世界と遮断されて、きわめて狭い自然ときわめて狭い人間との間に、その情的生活を満足させなければならないからだ。かてて加えて、囚人の生活は、とかくに主観に傾きがちのすこぶる暗示を受けやすい、その一切の印象のきわめて深い点において、たしかに獄外での普通の生活の十年や二十年に相当する。

*

この故郷のことが、自分の幼少年時代のことが、しきりに思い出される。ことに刑期の長かった千葉ではそうだった。

僕は出たが、どうせ当分は政治運動や労働運動は許されもすまいから、せめては文学にかこつけて、平民文学とか社会文学とかの名のつく文芸運動をやってみようかと思った。そしてその手始めに、自分の幼少年時代の自叙伝的小説を書いてみようかと思った。軍人の家に生まれて、軍人の周囲に育って、そして自分も未来の陸軍元帥といったような抱負で陸軍の学校にはいった、ちょっと手におえなかった一腕白少年が、その軍人生活のおかげで、社会革命の一戦士になる。というほどのはっきりしたものではなくても、とにかくこの経路をその少年の生活の中に暗示したい。少なくとも、自分の幼少年時代の一切の腕白が、あらゆる権威に対する叛逆、本当の生の本能的生長のしるしであったことを、書き表してみたいと。

僕は自分の遠い過去のことを思い出してはこの創作の腹案に耽った。そしてそのかたわら、語学の稽古がてらに、原文のトルストイの『幼年時代、少年時代、青年時代』や、ドイツ訳のコロレンコの『悪い仲間』などを見本に読んだ。トルストイのには、その生活があまりに僕自身のとはかけ離れているので、ほとんど何の興味もひかなかった。『悪い仲間』にはすっかり同感した。その主人公の父は裁判官であった。裁判官と軍人とにたいした違いはない。が、僕には不幸にも、裁判官がどんな性質のものであるかを教えてくれる、友達の乞食の父はなかった。そのために僕は、軍人というものの本当の性質が分かるまでには、ずいぶん余計な時間を費やした。それがその時の僕にどれほどに口惜《くや》しかったか。

が、当時のこの創作欲は今にいたってまだ果たされない。というよりはむしろほとんど忘れ果てて、社会評論とも文学評論ともつかない妙な評論書きになってしまった。そして今ではまた、こんな甘い雑録に、ようやく口をぬらしている。

監獄人

しかし、今だってまだ、多少の野心のないことはない。現にこの獄中記のごときは、この雑誌〔『新小説』〕に書く前には、「監獄人」とか「監獄で出来あがった人間」とかいうような題で、よほどアンビシャスな創作にしてみようかという気もあったのだ。

僕は自分が監獄で出来あがった人間だということを明らかに自覚している。自負している。入獄前の僕は、おそらくはまだどうにでも造り直せる、あるいはまだろくには出来ていなかった、ふやふやの人間だったのだ。

外国語学校へはいった初めのころには、大将となって何とかすることができなければ、敵国に使《つかい》して何とかするというようなシナの言葉にとらわれて、あるいは外交官になってみようかという多少の志がないでもなかった。また、学校を出る当座には、陸軍大学の教官となって、幼年学校時代の同窓らに、しかもその秀才らに「教官殿」と呼ばばして鼻をあかしてやろうかというような、子供らしい考えがないでもなかった。学校を出てからも、僕の旧師であり、かつ陸軍でのフランス語のオーソリテイであった某陸軍教授を訪ねて、陸軍大学への就職を頼んだこともあった。その話がよほど進行している間に、しかもその教授の運動の結果を聞きに行くはずの日の数日前に、電車事件で投獄された。そしてこの投獄とともにその後の運命はきまってしまった。

そればかりではない。僕の今日の教養、知識、思想性格は、すべてみな、その後の入獄中に養いあげられ、鍛えあげられたといってもよい。二十二の春から二十七の暮れまでの獄中生活だ。しかも、前に言ったように、きわめて暗示を受けやすい心理状態に置かれる獄中生活だ。それがどうして、僕の人間に、骨髄にまでも食い入らないでいよう。

故郷の感じを初めて監獄で本当に知ったように、僕の知情意はこの獄中生活の間に初めて本当に発達した。いろいろな人情の味、というようなことも初めて分かった。自分とは違う人間に対する、理解とか同情とかいうようなことも初めて分かった。客観はいよいよますます深く、主観もまたいよいよますます強まった。そして一切の出来事をただ観照的にのみ見て、それに対する自己を実行の上に現すことのできない囚人生活によって、この無為《イナクテイブ》を突き破ろうとする意志の潜勢力を養った。

＊

僕はまた、この続獄中記を、「死処」というような題で、僕が獄中生活の間に得た死生問題についての、僕の哲学を書いてみようかとも思った。現に、一晩夜あけ近くまでかかって、その発端だけを書いた。

東京監獄で押丁《おうてい》を勤めていて、僕ら被告人の食事の世話をしていた、死刑執行人についての印象。友人らの死刑〔大逆事件〕後の、その首に残った、紫色の広い帯のあとについての印象。千葉監獄在監中の、父の死についての印象。一親友の死についての印象。また、牢獄の梁の上からぽたりぽたりと落ちてくる蠅の自然死についての印象。一同志の獄死についての印象。一同志の出獄後の狂死についての印象。その他数え立てればほとんど限りのない、いろいろな深い印象、というよりはむしろ印刻が、死という問題についての僕の哲学を造りあげた。

＊

実際僕は、最後に千葉監獄を出たとき、初めて自分がやや真人間らしくなったことを感じた。世間のどこに出ても、唯一者としての僕を、遠慮なく発揮することができるようになったことを感じた。そして僕は、僕の牢獄生活に対して、神の与えた試練、み恵み、というような一種の宗教的な敬虔な観念を抱いた。

牢獄生活は広い世間的生活の縮図だ。しかもその要所要所を強調した縮図だ。そしてこの強調に対するのに、等しくまた強調された心理状態をもって向かうのだ。これほどいい人間製作法が他にあろうか。

世間的生活は広い。いくらでも逃げ場所はある。したがってそこに住む人間の心はとかくに弛緩しやすい。本当に血の滴るような深刻な内面生活は容易に続け得られない。その他種々なる俗的関係の顧慮もある。一切を忘れる種々なる享楽もある。なまけ者にはとうていその人間は造れない。そして人間は元来がなまけ者にできているのだ。

僕は最後に出獄して、まず世間を見て、その人間どもの頭ばかり大きく発達しているのに驚かされた。頭ばかり大きく発達しているのはなまけ者の特徴だ。彼らはどんなに深刻なことでも考えるという。しかしその考えや言葉には、その表に見える深刻さが、そのまま裏づけられているというようなのはほとんどない。裏づけられた実感の方が、その表された考えや言葉よりもさらにいっそう深い、というようなのは滅多にない。その考えや言葉がそのままただちに実行となって表れなければやまない、というようなのはさらに少ない。
僕はこのなまけ者どもの上の特権者だ。監獄人だ。

＊

が、こんなことをいちいち事実に照らして具体的に暗示し説明してゆくことは、この雑誌の編集者の希望ではない。せいぜい甘い、面白おかしいものという注文なんだ。

つい脱線してとんだ気焔になってしまったが、ちょっと籐椅子の上で寝ころんで、日向ぼっこをしながら一服して、また初めの呑気至極な、思い出すままだらりだらりと書いてゆく与太的雑録に帰ろう。

死刑執行人

と言ってもやはり、まず思い出すのは、さきに書きかけた「死処」の中の材料だ。これはいずれ物にするつもりであるが、したがっていま洩らすのはだいぶ惜しい気もするが、その中のたった一つだけを見本のつもりで書いておこう。

東京監獄に、今はもういないが、もと押丁というのがいた。看守の下回りのようなもので、被告人らに食事を持ち運んだりする役を務めていた。いつも二人か三人かはいたようだが、みんなまだ若い男で、一、二年務めているうちには、小倉のぼろ服をぬいでサーベルをつった看守になった。

が、その中にただ一人、十年か二十年かあるいはもっと長い間か、とにかく最後まで、押丁で勤め終わせた一老人があった。僕が初めて見たときには、もう六十を二つ三つは越した年齢であったろうが、小造りながら厳丈な骨組みの、見るからに気味の悪い形相の男だった。実際僕は初めて東京監獄にはいった翌朝、例の食器口のところへぬうとこの男に顔を出されたときには、思わずぞっとした。栄養不良らしい蒼ざめた鈍い土色の顔を白毛《しらが》まじりの灰色の濃い髯にうずめて、その中からあまり大きくもない眼をぎょろぎょろと光らしていた。その光の中には、強盗殺人犯か強盗強姦犯かの眼にみる獰猛な光と、高利貸かやりて婆さんかの眼にみる意地の悪い執拗な光とを併せていた。それにその声までが、少ししゃがれ気味の低い、しかし太い、底力のこもった、どこまでも強請してくる声だった。ちょっとなにか言うのでも、けだもののの吠えるように聞こえた。

「これに拇印をおして出せ。」

ふいにこう怒鳴られるように呼ばれて、差し入れ弁当とその差し入れ願書とを突き出されたものの、その突き出してきた太い皺くちゃな土色の指を気味悪く見つめたまま、しばらく僕はぼんやりしていた。

「早くしろ。」

僕は再びその声に驚かされて、あわてて拇印をおして、願書をさし出しながら、そうっとその男の顔をのぞいた。そしてふいに、本能的に、顔をひっこめた。なんという恐ろしい、気味の悪い、いやな顔だろう。

初めての差し入れ弁当だ。麹町の警察と警視庁とに一晩ずつを明かして、二日半の間、一粒の飯も一滴の湯も咽喉《のど》を通さなかった今、初めて人間の食物《たべもの》らしい弁当にありついたのだ。それだのに、どうしても僕は、すぐに箸をとる気になれなかった。今の男の声と指と顔とが眼の前にちらつく。ことに、あの指で、と思うと、ようやく箸を持ちだしてからも、はき気をすらも催した。

被告人らはみな、他の押丁とは、よくふざけ合っていた。おつけの盛りかたが少ないとか、実の入れかたが少ないとかいうようなわがままでも言っていた。どうかすると、「なんだ押丁のくせに」と食ってかかるものすらもあった。また、その押丁が看守になってからでも、みんなはやはり、前と同じように親しみ狎《な》れ、または軽蔑していた。ある押丁あがりの看守のごときは、その男は今でもまだ看守をしているが、その姓が女郎の源氏名めいているところから、夜巡回にきて二階の梯子段をかたかた昇って行くときなぞに、「〇〇さんへ」と終わりの方を長くのばした黄いな声で呼ばれて、からかわれていた。

しかしかの老押丁とはだれひとり口をきくものもなかった。さきに言った僕との獄友の強盗殺人君ですらも、この老押丁とは多くはただ睨み合ったまま黙っていた。看守も、他の押丁に対しては時々大きな声で叱ったりすることもあるが、この老押丁に対してだけはよほど憚っていた。用事以外には口もきかなかった。

老押丁はこうしてみんなに憚かられ気味悪がられ恐れられながら、いつも傲然として、黙々として自分の定められた仕事をしていた。そして自分のする仕事について少しでも口を出すものがあれば、被告人でも上役のものでもだれかれの別なく、すぐに眼をむいて怒鳴りつけた。僕はこの男が一度でも笑い顔をしたのを見たことがなかった。

＊

やがて僕は、この男に、だんだん興味を持ちだしてきた。気味の悪いのや、折々怒鳴りつけられて癪にさわるのは、初めからと変わりはなかったが、それだけこの男についての印象はますます深く、その人間を知ろうとする興味もますます強まっていった。

ある日の運動の時、僕は獄中の何事についてでもその男に尋ねるのを常としていた、そしてまた何事についてでもいつも明快な答えを与えてくれた例の強盗殺人君に、この老押丁のことを話しかけた。

「あの爺の押丁ね、あいつはいったい何者なんだい。」

なんでもその日の朝、食事の時に、おつけの実の盛りかたが少ないというような小言をいって、強盗殺人君は老押丁に怒鳴られていた。で、僕はそれを思い出して、何気なく聞いてみたのだった。そして僕は、せいぜい、

「うん、あいつか。あれはもと看守部長だったのが、典獄と喧嘩して看守に落とされて、その後またとうとう押丁に落とされちゃったんだ。」

くらいの返事を期待していたに過ぎなかった。が僕は、僕の問いの終わるか終わらぬうちに、急に強盗殺人君の顔色の曇ったのを見た。そしてその答えの意外なのに驚かされた。

「あいつがこれをやるんだよ。」

殺人君は親指と人さし指との間をひろげて、それを自分の咽喉《のど》に当ててみせた。

僕はそのまま黙ってしまった。殺人君もそれ以上にはなんにもいわなかった。

それ以来僕は、さきに気味悪かったこの老押丁の太い皺くちゃな土色の指を、食事を突き出されるたびに、ますます気味悪く見つめた。時としては、思わずそれから、眼をそむけた。

その後、幸徳らが殺されたときに聞いた話だが、死刑執行人は執行のたびに一円ずつもらう

のだそうだ。そしてあの老押丁はそれをみんなその晩に飲んでしまうのだったそうだ。
彼は、幸徳ら十数名が殺されたすぐあとで、何故《なにゆえ》か職を辞した、と聞いた。

＊

いま僕は、ここまで書いてきて、しばらく忘れていた「あの指」を思い出し、また友人らの死骸にみた咽喉《のど》のまわりの広い紫色の帯のあとを思い出して、その当時の戦慄を新しくしている。

かつて僕はユーゴーの『死刑五分間』を読んだ。またアンドレーエフの『七死刑囚』を読んだ。ことに後者は、よほどのちに、千葉の獄中で読んだ。その時にはたしかにある戦慄を感じた。しかし今、その筋を思い出してみても、かつての時の戦慄の実感は少しも浮かんでこない。その凄惨な光景や心理描写が、きわめて巧妙にきわめて力強く、描き出されてあったことの記憶が思い浮かべられるに過ぎない。けれどもあの二つの事実だけは、思い出すと同時にすぐにその当時の実感が湧いてくる。周囲の光景や場面の、またその時の自分の心持ちの記憶などよりもさきに、まずぶるぶると慄《ふる》えてくる。

「俺は捕まえられているんだ」

千葉でのある日であった。運動場から帰って、しばらく休んでいると、突然一疋のトンボが窓からはいってきた。

木の葉が一つ落ちてきても、花びらが一つ飛んできても、すぐにそれを拾って、いろんな連想に耽りながら、しばらくはそれをおもちゃにしているのだった。春なぞにはよく、桜の花びらが、どこからとも知れず飛んできた。窓から見えるあたりには桜の木は一本もなかった。窓に沿うて並んでいる幾本かの青桐の若木と、塀が「雀の木」と呼んでいたいつも無数の雀が群がってはさえずっている何かの木が一本向こうに見えるほかには、草一本生えていなかった。されば、あの高い赤い煉瓦の塀のそとの、どこからか飛んできたとしか思えないこの一片の桜の花は、ただされ感傷的になっている囚人の心に、どれほどのうるおいを注ぎこんだか知れない。

何でも懐かしい。ことに世間のものは懐かしい。たぶん看守の官舎のだろうと思われる子供の泣き声。小学校の生徒の道を歩きながらの合唱の声。春秋のお祭時の笛や太鼓の音。時とすると冬の夜の「鍋焼うどん」の呼び声。ことにはまた、生命のあるもの、少しでも自分の生命と交感する何物かを持っているものは、たまらなく懐かしい。空に舞う鳶、夕暮れ近く高く飛んでゆく鳥、窓のそとで呟く雀。

しかるに今、その生物《いきもの》の一つが、室の中に飛びこんできたのだ。僕はすぐに窓を閉めた。そして箒ではらったり、雑巾をほうったりして、室じゅうを散々に追い回した末に、ようやくそれを捕まえた。

僕はこのトンボを飼っておくつもりだった。馴れるものか馴れないものか、僕はそれを問題にするほど、トンボに智恵があるとは思っていなかった。が、できるものなら、なにか食わせて、少しでもこの虫に親しんでみたいと思った。

僕はトンボの羽根を本の間に挟んでおさえておいて、自分の手元にある一番丈夫そうな片《きれ》の、帯の糸を抜き始めた。その糸きれを長く結んで、トンボをゆわえておくひもを作ろうと思ったのだ。

が、そうして、厚い洋書の中にその羽根を挟まれて、しきりにもみ手をするように手足をもがいているトンボに、折々目をくばりながら、もうだいぶ糸も抜いたと思うころに、ふと、電気にでも打たれたかのようにぞっと身慄《みぶる》いがしてきた。そして僕はふと立ちあがりながら、そのトンボの羽根を持って、急いで窓の下へ行って、それをそとに放してやった。

僕は再び自分の席に帰ってからも、しばらくの間は、自分がいま何をしたのか分からなかった。その時の電気にでも打たれたような感じが何であったか、ということにすらも思い及ばなかった。僕はただ、急に沈みこんで、ぼんやりとなにか考えているようだった。そしてそのぼんやりとしていたのがだんだんはっきりしてくるにつれて、なんでも糸を抜いている間に、「俺は捕まえられているんだ」という考えがほんのちょっとした閃きのように自分の頭を通過したことを思い出した。それで何もかもすっかり分かった。この閃きが僕にある電気を与えて、僕のからだを窓の下まで動かして、あのトンボを放してやらしたのだ。

＊

僕は、いま世間で僕を想像しているように、今でもまだごく殺伐な人間であるかも知れない。少なくともまだ、僕のからだの中には、殺伐な野蛮人の血が多量に流れていよう。折をみては、それがからだのどこかから、ほと走り出ようともしよう。僕は決してそれを否みはしない。殺伐な遊戯《あそび》、殺伐な悪戯《いたずら》、殺伐な武術。その他一切の殺伐なことにかけては、子供の時から何よりも好きで、何人にも負《ひけ》をとらなかった僕は、そしてそれで鍛えあげてきた僕は、今でもまだその気が多分に残っていないとは決して言わない。

子供の時には、だれでもがやるように、トンボや、蝉や、蛙や、蛇や、猫や犬をよく殺した。猫狩りや犬狩りをすらやった。そしてほかの子供らがあるいは眼をそむけ、あるいは逃げ出してしまうほどの残忍をあえてして、得々としていた。虫や獣がかわいいとか、かわいそうだなぞと思うことはほとんどなかった。ただ獣でかわいいのは馬だけだった。父の馬は、よく僕を乗せて、広い練兵場を縦横むじんに駈け回ってくれた。が、小動物はすべてみな、見つけ次第になぶり殺すものぐらいに考えていた。

それが今、獄中でもこのトンボの場合に、ただそれを自分のそばに飼ってみようということにすら、それほどのショックを感じたのだ。動物に対する虐待とか残忍とかいうことは、大きくなってからは、理性の上にはもちろん感情の上にも多大のショックを感じた。しかしことに自分がそれをやっている際に、こんなに強く、こんなに激しく、こんなに深く感じたことはまだ一度もなかった。そしてその時に僕は、僕のからだの中に、ある新しい血が滔々として溢れ流れるのを感じた。

その後僕は、いつもこのことを思い出すたびに、僕のその時のセンティメンタリズムを笑う。しかしまた翻って思う。このセンティメンタリズムこそは本当の人間の心ではあるまいか。そして僕は、この本当の人間の心を、囚われ人であったばかりに、自分のからだの中に本当に見ることができたのではあるまいか。

手枷足枷

やはりこの千葉でのことだ。

ある日の夕方、三、四人の看守がなにかガチャガチャ言わせながら靴音高くやってくるので、何事かと思ってそっと例の「のぞき穴」から見ていると、てんでにいくつもの手錠を持って、僕の向かいの室の戸を開けた。その室には、その日の朝、しばらく空いていたあとへ新しい男がはいったのであった。

「いいから立て！」

真っ先にはいった看守が、お辞儀をしているその男に、大きな声であびせかけた。その男はおずおずしながら立ちあがった。まだ二十五、六の、色の白いごく無邪気らしい男だった。

「両手を前へ出せ！」

再びその看守は怒鳴るように叫んだ。そしてその間にほかの看守らもどやどやと靴ばきのまま室の中へはいった。何をしているのかは見えない。ただ手錠をしきりにガチャガチャ言わしているのと、これじゃ小さいとか大きいとか看守らがお互いに話しているのとで、その男に手錠をはめているのだという察しだけはついた。

「いま時分になって、なんだってあんなことをするんだろう。」

初めは僕は、その男に手錠をはめて、どこかへ連れ出すのかと思った。そんな時か、あるいはあばれて始末に負えない時かのほかには、手錠をはめるのをまだ見たことがなかった。その男は来てからまだ一度もあばれたこともなければ、声一つ出したこともなかった。しかし看守らは、その男の腕にうまくはまる手錠をはめてしまうと、「さあ、よし、これで寝ろ」と言い棄ててさっさと帰ってしまった。僕にはどうしてもその意味が分からなかった。

翌朝早く、また二、三人の看守がその男の室にきて、こんどはその手錠をはずして持って帰った。僕はますますその意味が分からなくなった。

昼ごろになって、雑役が仕事の麻束を持ってきた時に、僕は看守のすきを窺って聞いた。

「なんだい、あの向かいの奴は?」

「うん、何でもないんだよ。今まで向こうの雑房にいたんだがね、首をつって仕方がないんで、とうとうこっちへ移されちゃったんだ。それで、夜じゅう、ああして手錠をはめられて、からだが利かないようにされてるんだよ。」

こうして、夜になると手錠をはめられ、朝になるとそれをはずされて、それが幾日も幾日も、たしか二、三カ月は続いたかと思う。僕はその男がなんで自殺しようとしたのか、その理由は知らなかった。ただ、もう三度も四度も、五度も六度も、首をつりかけたり、あるいはすでにつっていたりするのを発見された、ということだけを聞いた。

そしてある晩、その男が両手を後ろにして帯のところで手錠をはめられているのを見て、どうしてあんなふうをして寝られるのだろうと思って、試みに僕も手拭で苦心して両手を後ろでくくりつけて寝てみた。初めはからだを横にして寝てみたが、肩や腕が痛くてたまらんので、こんどはうつ伏せになった。しかしそれではなお苦しいので、またからだを前とは反対に横にした。こうして一晩じゅう輾転《てんてん》してみようかとも思ったが、どうしても堪えられないで、すぐに手拭をといてしまった。

＊

それから、これは僕らのとは違う建物にいた男だが、湯へ往復する道で、やはり手錠をはめて、足枷までもはめて、そして重い分銅のようなものを鎖で引きずって歩いているのによく出っ食わした。

その男もやはり二十五、六の、細面の、どちらかといえば優男であった。

分銅のようないわゆるダ（漢字を忘れた）という奴を引きずって歩かせる、という懲罰のあることは、かねて聞いていた。かつて幼年学校時代に、陸軍監獄の参観に行って、そのダの実物を見たこともあった。しかし、それとももう一つの、なんでも革具で、ハンドルを回すとそれがぎゅうぎゅうからだを締めつけるという、そして二、三分もそれを続けるとどんな男でも真蒼《まっさお》になってしまうというのは、今ではもうほとんど使わないということは、その時にも聞いた。

しかるに今、そのダを引きずっているのを、眼の前に見るのだ。その男は、一列になった大勢の一番あとに、両足を引きずるようにして、のろのろというよりもむしろようやく足を運んで行った。が、その足の運びかたよりも、さらに見るに堪えなかったのは、その気味の悪いほど蒼ざめた顔の色と、やはり同じように蒼ざめた痩せ細ったその手足とであった。

どんな悪いことをしてこんな懲罰を食っているのか、またいつからこんな目にあっているのか、僕はだれにもそれを聞く機会がなかった。またたれにもそれを聞いてみる勇気がなかった。

よしまた、それを知ったところで、それがなんになるとも思った。

おしゃべりの僕らの仲間も、その男に会ったときには、みな黙ってただ顔を見合わせた。いつも僕の隣りにいた荒畑は泣き出しそうな顔をして眉をぴりぴりさせた。そしてだれも、その男の方をちょっと振りむいただけで、幾秒時間の間でも直視しているものはなかった。

幾度懲罰を食っても

この懲罰で思い出すが、囚人の中には、どんな懲罰を、幾度食っても獄則を守らないで、とうとう一種の治外法権になっている男がある。どこの監獄でも、いつの時にでも、必ず一人はそういう男がある。

もう幾度も引き合いに出した、東京監獄のあの死刑囚の強盗殺人君もその一人だ。巣鴨では例の片輪者の半病監獄にいたのだから、さすがにそういうのには出会わなかったが、それでも裁判所の仮監で同じ巣鴨の囚人だというそれらしいのに会った。

長い間仮監で待たせられている退屈しのぎに、僕は室の中をあちこちとぶらぶら歩いていた。そこへ看守がきて、動かずに腰かけてじっとしておれという。裁判所の仮監は、あの大きな建物の地下室にあって、床がタタキでそこに一つ二つの腰掛が置いてある。が、長い間木の腰掛に腰かけているのは、臀《しり》が痛くもあり退屈もするので、そんな時には室の中をぶらぶらするのが僕の常となっていた。そしてそのために今まで一度も叱られたことはなかったので、すぐに僕は、その看守と議論を始めた。ついにはその看守があまり訳の分からぬ馬鹿ばかりいうので、ほかの看守らがみな走って飛んできたほどの大きな声で、その看守を罵りだした。それがその時一緒にいたもう一人の囚人に、よほど気に入られたらしい。

「君なんかはまだ若くて元気がいいからいい、うんとしっかりやりたまえ。何でも中ぶらりんでは駄目だ。うんとおとなしくしてすっかり役人どもの信用を得てしまうか。そうなれば多少の犯則も大目に見てもらえる。それでなきゃ、うんとあばれるんだ。あばれてあばれてあばれ抜くんだ。減食の二度や三度や、暗室の二度や三度は、覚悟の上で、うんとあばれるんだ。そうすれば、終《しま》いにはやはり、たいがいのことは大目に見てもらえる。だが中ぶらりんじゃ駄目だ。いつまでたっても叱られてばかりいる。屁《ひ》を放ったといっては減食を食う。それじゃつまらない。僕なんぞも前にはずいぶんあばれたもんだ。それでも減食を五度、暗室を二度食ってからは、もうたいがいのことは叱られない。歌を歌おうと、寝ころんでいようと、何でも勝手気ままな振る舞いができるようになった。」

四十余りになるその男は、僕をなんと思ったのか、しきりに説いて聞かせた。実際その男は減食の五度や六度や、暗室の三度や四度や、また五人一〇人の看守の寄ってたかっての蹴ったり打ったりには、平気でこらえてこれそうな男だった。からだもいいし、話しっぷりもしっかりしているし、いかにもきかぬ気らしいところも見えた。

僕は例の強盗殺人君でずいぶんそのわがままを通している囚人のあることは知っていた。しかしそれは死刑囚だからとばかり思っていた。死刑囚では、なおそのほかにも、その後そんなのを二、三人みた。が死刑囚でない囚人が、それだけの犠牲を払ってその自由をかちえているということは、この話で初めて知った。

そしてその後千葉で、初めて、そういう男に実際にぶつかった。今でもその名を覚えているが、渡辺なんとかいう、僕と同じ罪名の官吏抗拒で最高限の四年食っている男だった。

この男とは、東京監獄でも同じ建物にいて、よく僕の室の錠前の掃除をしにきたので、その当時から知っていた。はじめ窃盗か何かで甲府監獄にはいっていたのを、看守らと大喧嘩して、そのために官吏抗拒に問われて東京監獄へ送られてきていたのであった。額から鼻を越えて眼の下にまで延びた三寸ばかりの大きさの傷があった。また、同じ大きさの傷が両方の頬にもあった。その他頭にも数カ所の大きな禿になった傷あとがあった。それはみな甲府で看守に刀で斬られたのだそうだ。

「はじめは私らの室の一二、三人のものが逃走しようという相談をきめて、運動に出たときに、ワアァと凱《とき》の声をあげたんです。」

と、ある時その男は錠前を磨きながら、元気のいい、しかし低い声で話しだした。

「すると、一緒にいた何十人のものが、やはり一緒にワアァと凱の声をあげたんです。看守の奴らびっくりしやがってね。その間に私ら十何人のものは、運動場の向こうの炊事場へ走って行って、そこに積んであった薪ざっぽを一本ずつ持って、新しく凱の声をあげて看守に向かって行ったんです。すると看守の奴らは青くなって、慄《ふる》えあがって、手を合わせて、どうか助けてくれって、あやまるんです。」

渡辺はちょいちょい看守の方をぬすみ見ながら、少し開けた戸のかげに顔をかくして、うれしそうに話し続けた。

それからみんなはどやどや門の方に走って行って、とうとう門番を脅しつけて、先頭の十幾人だけがいったん門外に出たのだそうだが、やがてまたこんな風で逃げ出してもすぐに捕まるだろうというので引き帰してきた。そしてみんな監房へ入れられた。

その後二、三日の間は、監房の内と外とで囚人と看守との間の戦争が続いた。囚人が歌を歌う。看守がそれを叱る。というようなことがもとで唾の引っかけ合い、罵詈雑言のあびせ合いから、ついに看守が抜刀する。竹竿を持ってきて、その先にサーベルを結びつけて、それを監房の中へ突きやる。囚人は便器の蓋や、はめ板をはずして、それを防ぐ。やがて看守はポンプを持ってきて煮湯を監房の中に注ぎこむ、囚人らは布団をかぶってそれを防ぐ。というような紛擾《ごたごた》の後に、とうとう渡辺は典獄か看守長かの室に談判に行くことになった。そこで数名の看守に斬りつけられたのだという。

「ね、旦那、その斬った奴がみんな、前に運動場で手を合わせてあやまった奴らでしょう。実に卑怯なんですよ。」

渡辺はこう話し終わって、もうとうに磨いてしまった錠前の戸を閉めて、また隣りの室の錠前磨きに移って行った。

この男は、東京監獄では、まだ裁判中であったせいか、ごくおとなしくしていた。そしていよいよ官吏抗拒の刑がきまって千葉へ移されたときにも、その当座は至極神妙にしていたが、やがて何に怒ったのか、また手のつけられない暴れものになってしまった。

「ね、旦那、こんどはもう私は出たら泥棒はやめです。馬鹿ばかしいですからね。いくら暴れたって、泥棒じゃだれしも相手にしちゃくれないでしょう。だから、こんどは私、旦那のところへ弟子入りするんです。ね、いいでしょう、旦那、出たらきっと行きますよ。旦那の方じゃ、暴れれば暴れるほど、名誉になるんでしょう。そして監獄にきても、まるで御大名で居れるんですからな。」

僕がもう半年ばかりで出ようというときに、渡辺がきて、こんなことをいった。僕は少々困ったが「ああ来たまえ」とだけは言っておいた。

が、いまだにまだ、この男はそのいわゆる「弟子入り」に来ない。どこに、どうしているんだか。たぶんまた、どこかの監獄にはいっているんだろうとは思うが。泥棒にはちょうどいい、小柄の、はしっこそうな、まだ若い男だったが。

しかしこの「弟子入り」は、向こうで来なくっても、すでに僕の方で向こうに「弟子入り」していたのだった。その後僕は、「野獣」と題して、僕の雑誌に彼を歌ったことがあった。

また向こう側の監房で荒れ狂う音がする、

怒鳴り声がする、
歌を歌う、
壁板を叩いて騒ぎ立てる。
それでも役人は知らん顔をしてほうっておく。

いくど減食をくっても、
暗室に閉じこめられても、
鎖づけにされても、
依然として騒ぎ出すので、
役人ももう手のつけようがなくなったのだ。
まるで気ちがいだ、野獣だ。

だが僕は、この気ちがい、この野獣が、
羨ましくて仕方がない。

そうだ！　僕はもっと馬鹿になる修業を積まなければならない。

獄死はいやだ

囚人で羨ましかったのは、この野獣と、もう一つは小羊のような病人だった。

巣鴨の病監は僕らのいたところからは見えなかったが、東京監獄でも千葉でも、運動場へ行く道には必ず病監の前を通った。普通の家のような大きな窓のついた、あるいは一面にガラス戸のはまった、風通しのよさそうな、暖かそうな、小綺麗な建物が、ほとんど四季を通じて草花や何かの花に囲まれて立っている。そしてその花の間を、呑気そうに、白い着物を着た病人がうろついている。

僕は本当にどうにかして病人になりたいと思った。もし五年とか、十年とか、あるいは終身とかいうような刑ではいったときには、僕はこの病人のほかには僕の生きかたがあるまいとすら考えた。肺病でもいい。何でもいい。とにかく長くかかる病気で、あすこにはいらなくちゃならんと思った。

が、一度、巣鴨でこの病監にはいることができた。前に話した徒歩《かち》で裁判所へ行く道で、つまずいて足の拇指《おやゆび》の爪をはいだ。そこにうみを持ったのだった。

巣鴨の病監は、精神病患者のと、肺病患者のと、普通の患者のと、三つの建物に分かれている。僕はその最後のにはいった。いいかげんな病院の三等や二等よりもよほどいい。僕のは三畳の室で、さすがに畳も敷いてある。そこへ藁布団を敷いて、室いっぱいの窓から一日日光を浴びて、そとのいろんな草花を眺めながら寝て暮らせばいいんだ。看護人には、囚人の中から選り抜きの、ことに相当の社会的地位のあったものを採用する。僕には早稲田大学生の某芸者殺し君が専任してくれた。

かつて幸徳は、この病監にはいって、ある看守を買収して、毎朝『万朝報』を読んで、毎晩一合か二合かの晩酌をやっていたそうだ。

僕ももし酒が飲めれば、葡萄酒かブランデーならいつでも飲めた。それは看護人が薬室から泥棒してくるのだった。

医者も役人ぶらずによく待遇してくれた。看守もみな仏様で、僕はほとんど自分が看守されているのだという気持ちも起こらなかった、くらいによく謹んでいられた。

御馳走も普通の囚人よりはよほどよかった。豚汁が普通には一週間に一回だったのが二回あった。それに豚の実も普通よりは数倍も多かった。

僕はこの病監で、自分が囚人だということもほとんど忘れて一カ月余り送ったのちに、足の繃帯の中に看護人らの数本の手紙を巻きこんで出獄した。

しかし、これがほんのちょいと足の指を傷つけたくらいのことだから、こんな呑気なことも言っておられるものの、もしもっと重い病気だったらどんなものだろう。僕はさきに肺病でもいいから病監にはいりたいといった。いま僕は、現に、千葉のお土産としてその病気を持ってきている。もうほとんど治ってはいるようなものの、今後また幾年かはいるようなことがあって、再び病気が重くなって、病監にはいらなければならぬようになったらどうだろう。

千葉では、僕らが出たあとですぐ、同志の赤羽巌穴《あかばがんけつ》が何でもない病気で獄死した。その後大逆事件の仲間のなかにも二、三獄死した。今後もまだ続々として死んでゆくだろう。

僕はどんな死にかたをしてもいいが、獄死だけはいやだ。少なくとも、あらゆる死にかたの中で、獄死だけはどうかして免かれたい。

収賄教誨師

獄中で一番いやなのは冬だ。

綿入一枚と襦袢一枚。シャツもなければ足袋もない。火の気はさらにない。日さえろくには当たらない。これで油っ気なしの食べ物でいるのだから、とてもたまるものではない。

体操をやる、壁を蹴る。壁にからだを打《ぶ》っつける。運動に出れば、毎日三十分ずつ二回の運動時間をほとんど駈足で暮らす。しかしそんなことではどうしても暖かくならない。

冷水摩擦をやる。しかもゆうべからの汲み置きの、ほとんどいつも氷《こお》っている水だ。この冷水のほかにはほとんどまったく暖をとる方法がない。それで朝起きるとまず摩擦をやる。夜寝る前にも、からだじゅうが真赤《まっか》になるまでこすって、一枚こっきりの布団に海苔巻きになって寝る。かしわ餅になって、と人はよくいうが、そんなことで眠れるものではない。昼も、膝っこぶのあたりから絶えずぞくぞくしてきて、時とすると膝が踊り出したように慄《ふる》える。そして上下の歯ががちがちと打ち合う。そんなになると、日に二度でも三度でも、素っ裸になってからだをふく。これで少なくとも一時間は慄えを止めることができる。

冬の間の一番のたのしみは湯だ。「脱衣!」の号令で急いで着物を脱いで、「入浴!」で湯にとびこむ。

「洗体!」の号令すらもある。多くは熱くてはいれないほどの湯に、真赤になって辛棒している。それほどでないと、夕飯前の湯が夜寝るときまでの暖を保ってくれない。

まれに、夕飯の御馳走が、鮭か鱒かの頭を細かく切ったのを実にしたおつけの時がある。その晩は、さすがに、少し暖かく眠れる。

それでも不思議なことには滅多に風をひかない。この二月の初めに、四カ月の新聞紙法違犯を勤めてきた山川のごときは、やはり肺が悪くてほとんど年中風を引き通している男だが、向こうではとうとう風一つ引かずに出てきた。そして出るとすぐ例の流行性感冒にやられて一月近く寝た。

＊

こういった冬の、また千葉でのある日のこと。教務所長という役目の、年とった教誨師の坊さんが見舞いにきた。

監獄にはこの教誨師という幾人《いくたり》かの坊さんがいる。ところによってはヤソの坊さんもいるそうだが、たいがいは真宗の坊さんだ。

普通の囚人には、毎週一回、教誨堂とかいう阿弥陀様を飾った広間に集めて、この坊さんがお説教を聴かせるのだそうだが、僕らには坊さんの方から時折、僕らの部屋へ訪ねてくる。たいがいの坊さんは別に御説法はしない。ただ時候の挨拶や、ちょいとした世間話をして、監獄の待遇についてのこちらの不平を聞いてゆく。

千葉のこの教務所長というのは、そのころもう六十余りの老人で、十幾年とか二十幾年とか監獄に勤めて地方での徳望家だといううわさだった。僕にはどうしてもそのうわさが正当には受けとれなかった。何よりもまず、その小さいくるくるした眼に、狐のそれを思わせるある狡猾さが光っていた。なにか話しするのでもとかくに御説法めく。本当に人間と人間とが相対しているのだというような、心からの暖かみや深切は見えない。そしていつも、俺は役人だぞ、教務所長だぞ、という心の奥底を裏切る何物かが見える。僕はこの男が見舞いにくるのを千葉での不愉快なことの一つに数えていた。

「いかがです。今日はだいぶ暖かいようですな。」

わざとらしい、どこかにこちらを見下げているような嘲笑のふうの見える微笑《ほほえみ》をもらしながら、はいってくるとすぐいつもの天気の挨拶をした。僕はこの男のいやな中にも、この微笑が一番いやだった。それに今、せっかく読みかけていたトルストイの『復活』の邪魔をされたのが、その足音を聞いて急に本をかくして仕事をしているような真似をさせられたのが、なおさらにその微笑に悪感を抱かせた。

「何が暖かいんだ。俺が今こうしてブルブル慄《ふる》えているのが見えないのか。」

僕は腹の中でこう叫びながら、再びその顔を見あげた。そしていきなり、

「ふん！　綿入の五、六枚も着てりゃ、いいかげん暖かいだろうよ。」

と毒づいてやった。実際彼は、枯木のような痩せたからだを、ぶくぶくと着太っていた。そしてそのくせ、両手を両わきのところでまげて、まだ寒そうにその両手でしっかりとからだを押さえていた。

教務所長の痩せ細った蒼白い顔色が、急にいっそうの蒼味を帯びて、その狐の眼がさらにいっそう意地悪く光った。僕は仕事の麻縄をなう振りをしながら、黙って下を向いていた。

教務所長のからだがふいと向きを変えたかと思うと、彼は廊下に出て、恐ろしい音をさせて戸を閉めて行った。僕はすぐ麻縄をそばへほうって、布団の下にかくしてある『復活』をとり出した。そしていい気持ちになって、さっきの続きを読み始めた。

＊

その後数カ月の間、あるいはとうとう出る最後の時まであったかも知れない、僕はその不愉快な老教誨師の顔を見ないで済んだ。

出獄後聞くと、この教務所長は面会にくる女房にしきりに自宅へ来るようにと言っていたそうだ。そしてそれは、本人の行状について詳しく話もし、聞きもしたいということであったそうだが、来るにはどうせ手ぶらでは来まいという下心があるらしかったそうだ。現に同志の一人の細君は、面会へ行くたびにお土産物を持って彼を訪うて、ずいぶん歓待されたという話だ。が、僕の女房は、早く出獄した他の同志から僕と彼との間柄をよく聞き知っていたので、とうとう訪ねてもみなかったそうだ。

それから二年ばかりして、ある日の新聞に、この教務所長が収賄をして千葉監獄に収監されたという記事を発見した。もっともその後、証拠不十分で放免になったと聞いたが。

＊

教誨師については先日面白い話を聞いた。荒畑と山川とが東京監獄から放免になるのを、朝早く、門前のある差入屋まで迎えに行った。二人とも少し痩せて顔の色もだいぶ蒼白くはなっていたが、それでも元気で出てきた。

差入屋の一室でしばらくみんなで快談した。迎えられるものも迎えるものもたいがいみな獄通だ。迎えられるものは盛んにその新知識をふりまく。迎えるものは急転直下した世間の出来事を語る。

「おい、抱月〔島村抱月〕が死んで、須磨子〔松井須磨子〕がそのあとを追って自殺したのを知っているかい？」

と、たしか堺が二人に尋ねた。

「ああ知っているよ。実はそれについて面白いことがあるんだ。」

荒畑が堺の言葉のまだ終わらぬうちに、キャッキャと笑いながら言った。

荒畑の細君が、何とかして少しでも世間の事情を知らせようと思って、さも親しい間柄のように書いて抱月の死を知らせたのだそうだ。

「ええ、先生にはずいぶん長い間学校でお世話になったもんですから。」

荒畑はその手紙を見てやってきた教誨師にでたらめをいった。荒畑は抱月とはたった一度何かの会で会ったきりだった。もちろん師弟関係もなんにもない。

「ついちゃ、お願いがあるんですが。」

と荒畑はちょっと考えてからいった。

「そんなふうですから、別に近親というわけでもないんですが、一つぜひ回向をしてくださることはできないものでしょうか。」

教誨師はまたなにか厄介な「お願い」かと思ってちょっと顔をしかめていたが、その「お願い」の筋を聞いて、顔の皺を延ばした。そして今までは死んだ人の話をするのでもあり、ことさらに沈欝らしくしていた顔色が急ににこにこと光りだした。

「え、ようござんすとも、お安い御用です。」

教誨師はこういって、荒畑を教誨堂へ連れて行った。荒畑はこの教誨堂なるものを一度見たかったのだ。そして坊さんにお経でも読まして、その単調な生活を破る皮肉な興味をむさぼりたかったのだ。

「どうだい、それで坊さん、お経をあげてくれたのかい?」

荒畑がお茶を一杯ぐっと飲み干している間に僕が尋ねた。

「うん、やってくれたともさ。しかも大いに殊勝とでも思ったんだろう。ずいぶん長いのをやってくれたよ。」

「そりゃ、よかった。」

とみんなは腹をかかえて笑った。

「で、こんな因縁から、お須磨が自殺したときにもすぐその教誨師がやってきて知らせてくれたんだ……。」

＊

まだ書けばいくらでもあるようだが、このくらいでよそう。書く方でも飽きた。読む方でももういい加減いやになったころだろう。

獄中消息

保子と養育した弟妹たち（勇、進、秋、あ

市ヶ谷から

〔宛先不明・一九〇六年〕

僕は三畳の室《へや》を独占している。日当たりもいいし、風通しもいいし、新しくて綺麗だし、なかなか下六番町の僕の家などの追いつくものでない……こんな所なら一生はいっていてもいいと思うくらいだ。

しかし警視庁はいやな所だった。南京虫が多くてね。僕も左の耳を噛まれて、握拳大の瘤を出かした。三、四日の間はかゆくてかゆくて、小刀でもあったらえぐり取りたいほどであった。

十分間と口から離したことのない煙草とお別れするのだもの、定めて寤寝《ごしんせつ》切なる思いをしなければなるまいと思っていたが、不思議だ。煙草のたの字も出てこない。強いて思ってみようと努めてみたが、やっぱり駄目だ。

いつまでここにいるか知らないが、在監中にはぜひエスペラント語を大成し、ドイツ語を小成したいと思っている。

監獄へきて初めて冷水摩擦というものを覚えた。食物もよくよく噛みこなしてからのみこむようになった。食事の後には必ずウガイする。毎朝柔軟体操をやる。なかなか衛生家になった。

＊

〔宛先不明・一九〇六年〕

来たはじめに一番驚いたのは監房にクシとフケトリとが揃えてあったことです。これがなかったら大ハイ（当時の僕のアダ名、ハイはハイカラのハイ）も何も滅茶苦茶なのです。しかしまさかに鏡はありません。於是乎《ここにおいてか》、腕をこまぬいて大ハイ先生、大いに考えたのです。そしてとうとう一策を案出したのです。それは監房の中に黒い渋紙を貼った塵取がありますから、ガラス窓を外して、その向こう側にそれを当てて見るのです。試みにやってご覧なさい。ヘタな鏡などよりよほどよく見えます。

＊

〔宛先不明・一九〇六年四月二日〕

このごろは、半ば丸みがかった月が、白銀の光を夜なかまで監房のうちに送ってくれます。

監獄といえども花はあります。毎朝運動場に出ると、高い壁を越えて向こうに、今を真ッ盛りの桃の木を一株見ることができます。

なおそのほかにも、病監の前に数株の桜がありますから、近いうちにはこの花をも賞することがあるのでしょう。

月あり、花あり、しこうしてまた鳥もおります。本も読みあきて、あくびの三ツ四ツも続いて出るときに、ただ一つの友として親しむのは、窓側の桧に群がってくる雀です。その羽の色は決して麗しくはありません。その声音も決して妙なるものではありません。その容姿もまた決して美なるものではありません。しかしなんだかなつかしいのはこの鳥です。

〔宛先不明・一九〇六年〕

*

今朝早くからエスペラントで夢中になっています。一瀉千里の勢いとまでは行きませんが、ともかくもズンズン読んでゆけるのでうれしくてたまりません。予審の終結するころまでにはエスペラントの大通になってみせます。

ここにもやはり南京虫がおります。これさえいなければ時々は志願してきてもいいと思っておったのに惜しいことです。今日までに噛まれた数と場所とは左のごとくです。警視庁では左の耳の下三。監獄では、左の耳の下二。右の耳の下一。左の頬一。右の頬一。咽喉二。胸一。左の腕四。右の腕三。右の足一。右の手の指一。

こんなに噛まれていながら、いまだにその正体を拝んだことがないので、はなはだ遺憾に思っています。

朝から晩まで続けざまに本を見ておれるものでなし、例の雀もどこかへ行ってしまう。やむを得ずに南京虫に喰われた跡などを数えて時を過ごしています。時々に地震があって少しは興にもなりますが、これとてあまり面白いものではありません。こんなときに欲しいのは手紙です。

〔堺利彦宛・一九〇六年〕

＊

毎日毎日南京虫に苦しめられるから、どうしたらよかろうかと、運動の時に相棒の強盗殺人犯先生に聞いてみた。先生のいうには、それは殺すに限る、朝起きたら四方の壁を三十分ぐらいにらんでおるのだ、きっと一疋や二疋は這っている、と。果然、のっそりのっそりとやっている。すぐに捕まえてギロティンに掛けた。人の血を吸う奴はみなこうしてやるに限る。

〔宛先不明・一九〇六年五月〕

*

先々月の二十二日にここに入れられたまま一昨日初めて外へ出た。それは公判の下調べとかいうので遠く馬車を駆って裁判所まで行ったのだ。例の金網越しに路ゆく人を見ると、綿入は袷となった。中折はパナマや麦藁となった。そしてチラホラと氷店の看板さえも見える。世はいつの間にか夏に近づいたのだね。

途《みち》で四谷見附のツツジを見た。桃散り桜散り、久しく花の色に餓えたりし僕は、ただもう恍惚として酔えるがごときうちに、馬車は遠慮なくガタガタと馳せて行った。

読書はこのごろなかなか忙しい。まず朝はフォイエルバッハの『宗教論』を読む。ルベール（仏国アナーキスト）の『自由恋愛論』を読む。午後はエスペラント語を専門にやる。先月は読む方ばかりであったが、こんどはそれと書く方とを半々にやる。つまらない文法の練習問題をいちいち真面目にやってゆくなどは、監獄にでもはいっていなければとうていできぬ業だろうと思う。ただ一人では会話ができないで困る。夕食後、就寝まで二時間余りある。その間はトルストイの小説集を読んでいる。

＊

このごろはノミと蚊と南京虫とが三位一体になって攻め寄せるので大いに弱っている。僕昨日剃髪した（髪を長くのばしていたのを短く刈ったのだ）。これは旗などをかついで市中を駆けまわった前非を悔いたのだ。

〔宛先不明・一九〇六年〕

＊

エスペラントは面白いように進んでゆく。今はハムレットの初幕のところを読んでいる。英文で読んだことはないが仏文では一度読んだことがある。しかしこんどほど容易《たやす》くかつ面白くはなかったようだ。

〔由分社宛・一九〇六年五月〕

＊

昨日から特待というものになった。と言っても分かるまい。説明をしよう。社会主義者が人類をわけて紳士閥と平民との二になすがごとく、監獄では待遇上、被告人を二つの階級にわけ

〔宛先不明・一九〇六年〕

ている。その一つは雑房に住み、他の一つは独房に住む。……この独房の方を監獄の紳士閥としておこう。

平民の方は少しも様子を知らないが、この紳士閥の方にはさらに二つの階級がある。一つは特待というが、もう一つは何というのかたぶん名はないと思う。特待になると純粋の特権階級で、一枚の布団が二枚になり、朝一回の運動が午前と午後との二回になり、さらに監房の中に机と筆と墨壷までがはいる。この上に原稿を書いて『社会主義研究』や『光』に送ることができたら、被告人生活というものもなかなかオツなものなんだけれど。

西川、山口、吉川、岡の徒は、くるとすぐにこの特権階級にはいったようだ。他の者はみな平民の部に属している。深尾などは勉強ができぬといって大いにコボしているそうだ。僕の所は机だけは初めから入れてくれた。たぶん特待候補者とでもいうのであったんだろう。

自分が特権階級にはいってみれば、なるほど気持ちの悪いこともないが、その代わりに特権褫奪《ちだつ》という恐れが始終頭に浮かぶ。紳士閥が軍隊だとか、警察だとか、法律だとかを、五百羅漢のように並べ立てておくのも、要するにこの特権維持に苦心した結果に過ぎないのだ。

＊

〔宛先不明・一九〇六年〕

折々着物についてのご注意ありがとう。天にも地にもたった一枚の羽織と綿入だもの、大切にしなくて如何しよう。ただ困るのは綻びの切れることだが、これは糸を結んで玉を作って、穴の大きくならぬようにしておく。もっとも看守さんに話をすれば針と糸とを貸してくださるのだけれど、「看守殿お願いします、お願いします」と言わなければならぬのがいやさに、ツイ一度もいわゆるお願いしたことがない。

＊

僕らの監房の窓の下は、女監へ往来する道になっている。毎日一〇人ぐらいずつ五群も六群もはいってくる。道がセメントで敷きつめられているから、そのたびごとに、カランコロン、カランコロンと実に微妙な音楽を聞くことができる。

女監を見るたびにいつも思うが、僕らの事件に一人でもよい、二人でもよい、ともかくも女が入っていたらどんなに面白いことだろう。「兇徒聚衆の女」！

＊

〔宛先不明・一九〇六年〕

昨日保子さんから猫の絵はがきをいただいた。なんだか棒ッ切の先から煙の出てるのを持っているが、あれが物の本で見る煙草とかいうものなのだろう。今までは人間の食物《しょくもつ》だと聞いていたが、ではなくて猫の玩弄品《おもちゃ》と見える。

今朝妹と堀内とが面会にきた。こんなよい所にいるのを、なぜ悲しいのか、オイオイとばかり泣いていた。面会所ではニコニコ笑っていてもらいたいな。

＊

入獄するチョット前からハヤシかけていた髭は、暇に任せてネジったりヒッパったり散々に虐待するものだから、ただきえ薄い少ないのがかわいそうに切れたり抜けたりして少しも発達せぬ。

よく見ると顔のあちこちに薄い禿がたくさんできた。これは南京虫に噛まれたのを引っかいたあとだ。入獄の好個の記念として永久に保存させたいものと思っている。

＊

〔宛先不明・一九〇六年〕

今朝は暗いころから火事のために目がさめて、その後どうしても寝つかれない。そこでさっそく南京虫の征伐に出かけた。いるいる、ウジウジいる。ついに夜明けごろまでに十有三疋捕まえた。大きいのが大豆ぐらい、小さいのが米粒ぐらい、中ほどのが小豆ぐらいある。これは出獄の時の唯一のお土産と思って、紙に包んで大切にしてしまっている。

巣鴨から（上）

〔堀保子宛・一九〇七年六月十一日〕

一昨日と昨日と今日と、これで三度筆をとる。その理由は、あまり起居のことを詳しく書いては、かえって宅で心配するからという、典獄様のありがたい思し召しで、書いては書き直し、書いては書き直ししたからである。

二度目でもあるせいか、もうだいぶ獄中の生活に馴れてきた。日の暮れるのも毎日のように短くなるようだ。本月の末にでもなったらまったく身体がアダプトしてしまうことと思う。

＊

〔堀保子宛・一九〇七年七月七日〕

その後病気はどうか。前々の面会の時のように、話を半ばにして倒れるのを見たり、また前の面会の時のように、蒼白い弱りこんだ顔色をしているのを見たりすると、いろいろ気にかかってたまらぬ。片瀬行きのことはどうなったか。だんだん暑くもなることだから、もし都合がいいようなら、なるべく早く行くがいい。そして少し気を呑気にしっかり持って、ゆっくり体を養ってくれ。

僕は相変わらず頑健、読書に耽っている。ただ例の「新兵諸君に与ふ」で思ったより刑期が延びて、別に急がぬ旅となったことだから、その後は大いに牛歩をすすめて精読また精読している。

イタリア語も、後に差し入れた文法の方がよほどいいようだから、前のはよして、また初めからやり直している。毎日一章ずつコツコツやって行って、来月の末には一通り卒業する予定だ。

ジャガ芋の花を悪く言って、山川から大いに叱られたが、あれももうたいがい散ってしまったようだ。今はネジリとかネジリ花とかいう小さなかわいらしいのが、中庭一面の芝生の中に入り混じって、いたる所にその紅白の頭をもたげている。面会や入浴の時には、いつもこの中庭の真ん中を通り抜けて行く。

この芝生のつきるところに、一、二間の間をおいて、幾本となく綺麗に刈りこまれた桧が立ちならんでいて、そしてその直後に例の赤煉瓦のいかめしい建物が聳《そび》えている。この桧の木蔭の、芝生の厚いところで、思う存分手足を延ばして一、二時間ひる寝をしてみたい。
手紙は、一日に平均三通ずつ来る。東京監獄では監房の中に保存しておくことができたので、毎日のように退屈になるとひろげ出して見ていたが、ここでは読み終わるのを待っていて、すぐにまた持って行かれてしまう。あまりいい気持ちのものでない。

*

〔堺利彦宛・一九〇七年八月十一日〕
（これは「巣鴨の巻」の中の「獄中からの手紙」の堺に宛てたものの続きだ。）
かつてロシアの同志の獄中で猫を抱いている写真を何かの雑誌で見て、日本もこんなだといいがなあなどと言って、みんなで大いにうらやましがったことがあった。ところがこの巣鴨の監獄にも白だの黒だの斑だの三毛だのと、いろいろな猫がそこここにうろついている。写真は撮れないけれど一所に遊ぶことくらいはできるだろうと思って、試みに小さい声で呼んでみるが、恐ろしい眼を円くして、ちょっとねめつけるくらいが関の山で、立ち止まっていようともしない。聞くにまったく野生のものばかりだそうだ。僕の徳、はたしてこれを懐かしむるに至るかどうか……。ナツメ（飼猫）は大怪我したそうだが、その後の経過はいかが。

保子から、やれ胃腸が悪いの、やれ気管が悪いの、やれどこが悪いのと、手紙のたびにいろんなことを言ってくるが、要するにいよいよ肺にきたのじゃあるまいか。医者はよく肺の初期をつかまえて、胃腸だの気管支だのというものだ。面会の時なぞも、勢いのないひどく苦しそうな呼吸をしているのを感ずる。できもすまいけれど、まあできるだけ養生するよう、よく兄よりお伝えを乞う。なお留守宅の万事、よろしく頼む。

（「巣鴨の巻」の中の「獄中からの手紙」はすべてこの時のものだ。）

巣鴨から(下)

〔堀保子宛・一九〇八年一月二十三日〕

出てまだ二月とも経たぬうちに、またおわかれになろうとは、ほんとに思いも寄らなかった。革命家たるわれわれの一生には、こんなことがいずれ幾度もあるのだろうと思うが、情けないうちにもまたなんとなく趣きのある生涯じゃないか。どうぞ「また無責任なことをして」なぞと叱っておくれでない。それよりか龍馬(今、大逆事件で秋田に終身ではいっている坂本清馬のこと)が口ぐせのように歌っていた「行かしゃんせ行かしゃんせ」でも大声に歌ってくれ。

とはいうものの、困ることは困るだろう。堺の細君に頼んで、隆文館に事情を話して、少なくとも、もうテンぐらいはとってもらってもよかろう。安成(貞雄君)から『新声』の原稿料をよこすだろう。それからこのつぎの面会の時に洋服を宅下げする。飯倉(質屋)へでも持って行け。それでともかくも本月はすませるだろう。来月は例の保釈金(電車事件の際の)でも当てにしているがいい。

（下略）

〔堀保子宛・一九〇八年一月三十一日〕

＊

手紙が隔日に二通ずつしか書けないのみならず、この隔日にもまた折々いろんな障碍があるので、不便で困る。二十五日に書こうと思ったら、監獄に書信用紙がないという。つぎの二十八日には、大阪へ出す手紙を書いているうちに時間がきて筆記所から監房へ連れ帰される。昨日はと思ったら、何とか天皇祭で休みだという。そんなことで今日ようやく第二信を書く。

あちこちから「まだ健康も回復しないうちにまた入獄とは」というのでしきりに見舞いがくる。

ところが入獄の時に体量が一四貫五〇目〔約五三キロ〕あった。巣鴨を出るときに比べれば一貫三〇目〔約四キロ〕増えている。またさきに巣鴨にはいったときに比べれば一〇〇目〔三七五グラム〕ばかりしか不足していない。そしてこの一〇〇目はたしかに本郷警察の二日と警視庁の一日とで減ったのだと思う。すると僕の健康はもう十分に回復していたのだ。幸いにご安心を乞う。

かえってまだろくに監獄っ気の抜けないうちにきたのだから、万事に馴れていて、はなはだ居心地がいい。飯もはじめから十分に食える。ただ寒いのには閉口するが、これとても火の気がないというだけで、着物は十分に着ていられるのだから、巣鴨の同志のことを思えば、そう贅沢も言えないわけだ。しかし寒いことは寒いね。六時半から六時まで寝るのだが、その間に幾度目をさますか知れない。それでも日に日に馴れてくるようだ。

この寒い中に二つ楽しみがある。一つは毎日午後三時ごろになると、ちょうど僕の坐っているところへ三尺四方ばかりの日がさしてくる。ほんのわずかの間の日向ボッコだが非常にいい気持ちだ。もう一つは三日目ごとの入浴だ。これが獄中で体温をとる唯一のものだ。僕のような大の湯嫌いの男が、「入浴用意」の声を聞くや否や、急いで足袋とシャツとズボン下とを脱いで、浴場へ行ったらすぐ第一番に湯桶の中に飛びこむ用意をしている。

あなたはこの寒さに別にさわりはないか。また巣鴨の時のように、留守中を床の中で暮らすようでは困るから、できるだけ養生してくれ。面会などもこの寒さを冒してわざわざ三日目ごとにくるにも及ばない。

もう転宅《ひっこし》はしたか。あんな所ではいろいろ不自由なこともいやなこともあろうけれど、まあ当分の間だ、辛棒《しんぼう》していてくれ。そして職業なぞのことはどうでもいいからあまり心配をしないで、もう少しの間形勢を見ていてくれ。

留守中、かつて幽月（故管野須賀子）の行っていたところへ英語をやりに行かないか。勉強にもなるし、また少しは気のまぎれにもなるだろう。

寒いので手がかじけてよく書けない。ご判読を乞う。

＊

〔堀保子宛・一九〇八年二月五日〕

一昨日手紙を書こうと思ったら、また用紙がないという。そして今日もまたないという。いやになってしまう。やむを得ずハガキにした。

またさびしいさびしいといって泣言《なきごと》を書き立てているね。検閲をするお役人に笑われるよ。

手紙はできるだけ隔日に書くこととする。あなたの方ももう少し勉強なさい。二十三日のハガキと二十七日の封書とが着いたばかりだ。

（下略）

〔堀保子宛・一九〇八年二月十七日〕

昨日はなんだか雪でも降りそうな、曇った、寒い、いやな日だった。こんな日には、さすがにいろいろなことを思い出される。夜もおちおちと眠れなかった。窓のそとには、十二、三日ごろの寒月が、淋しそうに、澄みきった空に冴えていた。

僕の今いるところは八監の一九室。一昨年はこの隣りの一八室で、長い長い三カ月を暮らしたのであった。出て間もなく足下と結婚した。しかるにその年のうちに、例の「新兵諸君に与ふ」でまた裁判事件が起こる。そして年があけてようやく春になったかと思うと、またまた「青年に訴ふ」が起訴される。その間に雑誌〔『家庭雑誌』〕はますます売れなくなる。計画したことはみな行き違う。ついに初めての家の市ヶ谷を落ちて柏木の郊外に引っこむ。思えば、甘いなかにもずいぶん辛い、そして苦い新婚の夢であった。

その夢もわずか九カ月ばかりで破れてしまう。僕は巣鴨に囚われる。そしてしばらくするうちに、余罪で、思いのほかに刑期が延びる。雑誌は人手に渡してしまう。足下は病む。かくして悲しかった六カ月は過ぎた。

*

出獄する。自分も疲れたからだを休め、足下にも少しは楽な生活をさせようと思って、かれこれしているうちに、またこんどのような事件が起こって、別れ別れにされてしまった。

これがわずか一年半ばかりの間の変化だ。足下と僕との二人の生活の第一頁だ。そしてこの歴史は、二頁三頁と進むにしたがって、ますますその悲惨の度を増してゆくことと思う。

僕は、風にも堪えぬ弱いからだの足下が、はたしてこの激しい戦いに忍びうるや否やを疑う。しかし僕は、この際あえてやさしい言葉をもって、言い換えれば偽りの言葉をもって、足下を慰めるようなことはしたくない。

僕はこの数日間、ゴーリキーの『同志』をほとんど手から離す間もなく読んだ。足下も『新声』でその梗概を見たと思う。パベルのお母さんが、その子の入獄とともに、その老いゆく身を革命運動の中に投じて、あるいは秘密文書の配付に、あるいは同志の破獄の助力に、粉骨砕身して奔走するあたり、僕は幾度か巻をおおうて感涙にむせんだ。『新声』のは短くてよく分からんかも知れんが、もう一度読み返してご覧。そして彼が老いたるマザーにして、自らが若きワイフなることを考えてご覧。

（下略）

〔堀保子宛・一九〇八年三月二十二日〕

＊

少しも手紙が来ないので、どうしたのかと思って心配していたが、はたしてまた病気だそうだね。いったいどこが悪いのか。雪の日に市ヶ谷へ行ったからだというが（二、三人の仲間の出獄を迎いに）重い風邪にでもかかったのか。それともまた、他の病気でも出たのか。少しも様子が分からないのでいろいろと気にかかる。そしてその後はどうなのか。もし不相変《あいかわらず》悪いのなら、六日にはわざわざ迎いに来なくともいいから、それよりは大事にして養生していてくれ。

僕も十日ばかり前に湯の中で脳貧血を起こして、その後とかくに気分がすぐれない。たぶん栄養と運動との不足なところへ、あまり読み過ぎたり書き過ぎたりしたせいだろうと思う。書物を読み出すとすぐに眼が眩んでくる。頭が痛くなる。しばらくなんにもしないでぼんやりしている。するとこんどは退屈でたまらなくなる。不得已《やむをえず》また書物を手に取る。毎日こんなことを幾度も幾度も繰り返して暮らしている。しかし別にたいしたほどではないのだから、出てから少しの間静かに休養すればよかろうと思う。しもやけも一時はだいぶひどかったが、暖かくなるにしたがってだんだん治ってきた。

その後セーニョボーの話はどうなったか。古那はどこの本屋へ相談したのだろう。もしその話がうまく行ったら、当分どこかの田舎に引っこみたいね。温泉でもよし、また海岸でもいい。『平民科学』の原稿〔「万物の同根一族」〕は、ただ写し直しさえすればいいようになっている。もうあとが三日、四日目には会える。

千葉から

〔堀保子宛・一九〇八年九月二十五日〕

この監獄はさすがに千葉町民の誇りとするだけあって実に立派な建築だ。僕らのいる室はちょうど四畳半敷ぐらいのなかなか小ざっぱりしたものだ。巣鴨に比べて、窓の大きくて下にあるのと、扉の鉄板でないのとが、はなはだありがたい。七人のものは、あるいは相隣りし、あるいは相向かい合っている。

来てから三、四日して仕事をあてがわれた。何というものか知らんが、下駄の緒の芯にはいる麻縄をよるのだ。百足二銭四厘というたいした工賃だ。百日たっとその一〇分の二をもらえるのだそうだ。今のところ一日七、八〇足しかできない。

先日の面会の時、前へオイとか左向けオイとかいう大きな声の号令を聞きやしなかったか。あれがこの監獄の運動だ。僕らは七人だけ一緒になって毎日あれをやっている。堺がまさに半白ならんとするその大頭をふり立てて、先頭になって、一二、一二と歩調をとってゆくさまは、そりゃずいぶん見ものだ。

（下略）

＊

〔堀保子宛・一九〇八年十二月十九日〕

もうここの生活にもまったく慣れてしまった。実を白状すれば、来た初めには多少の懸念のないのでもなかった。ああこの食物、ああこの労働、ああこの規則、これではたして二カ年半の長日月を堪えうるであろうか、などと秋雨落日の夕、長太息をもらしたこともあった。面会のたびごとに「痩せましたね」と眉をひそめられるまでもなく、細りに細ってゆく頬のさびしさは感じていた。しかし月をたつにしたがってこれらの憂慮も薄らいできた。そしてついに、今日ではそれがほとんどゼロに帰してしまったのみならず、さらに余計な余裕さえできてくるようになった。

それに刑期の長いということが妙に趣きを添える。今までのように二、三カ月の刑のときには、入獄の初めの日から、ただもう満期のことばかり考えている。退屈になると石盤を出して放免の日までの日数を数える。裏を通る上り下りの汽車の響きまでがいやに帰思を催させる。したがって始終気もせわしなく、また日のたつのもひどく遅く感ぜられた。しかし、こんどはそんなことは夢にも思わず、ただいかにしてこの間を過ごすべきかとのみ思い煩う。そして、これこれの本を読んで、これこれの研究をして、などと計画を立ててみると、どうしてももう半年か一年か余計にいなければとても満足な調べのできぬ勘定になる。さあ、こうなるともう落ちついたものだ。光陰も本当に矢のごとく過ぎ去ってしまう。長いと思った二年半ももう二年のうちにはいった。ついでに言う、僕の満期は四十三年十一月二十七日だそうだ。

先日の面会の時に話したとおり若宮(卯之助君)につぎのように言ってくれ。この二カ年間に生物学と人類学と社会学との大体を研究して、さらにその相互の関係を調べてみたい。ついては通信教授でもするつもりで、組織を立てて書物を選択して貸してくれないか。毎月二冊平均として総計五〇冊は読めよう、と。

なお、そのかたわら、元来好きでそして怠っていた文学、ことに日本およびシナの文学書を漁りたい。この監獄は社会主義的の書物は厳重に禁じているが、文学書に対してはすこぶる寛大な態度をとっているらしい。まず古いものから順次新しいものに進んで、ことに日本では徳川時代の俗文学に意を注いでみたい。これは別に書物を指定しないから、兄（女房の、堀柴山）や守田（有秋君）などに相談して毎月二、三冊の割で何か送ってくれ。

ドイツ語もようやく二、三日前にあのスケッチブック（アービングの、独訳）を読み終わった。たとえてみると、ちょうどおたまじゃくしに足が二本生えかかったくらいの程度だろうか。来年の夏ごろまでには尾をつけたまま、陸をぴょんぴょんと跳び歩くようになりたい。そしてこの尾がとれたらこんどはロシア語を始めようと思う。少々欲張りすぎるようだが、語学の二つ三つも覚えて帰らなければ、とてもこの腹いせができない。これとイタリア語とは二カ月に各々一冊ぐらい読みあげる予定だから、先日頼んだものを大至急送った上、さらに二月の面会の時にまた何か持ってきてくれ。あえてエンゲルスを気取るわけでもないが、年三十にいたるまでには必ず一〇カ国の言葉で吃ってみたい希望だ。それまでにはまだ一度や二度の勉強の機会（！）はあるだろう。

仙境なればこそ、こんな太平楽も並べておれるが、世の中に師走ももう二十日まで迫ってきたのだね。諸君の歳晩苦貧のさま目に見えるようだ。僕らはこれから苦寒にはいって行く。

（下略）

〔堀保子宛・一九〇九年二月十六日〕

＊

かなりの恐怖をもって待ち構えていた冬も、案外に難なくまずまず通過した。もっともこの間には、一月十日過ぎの三、四日の雪の間のごとき、終日終夜慄《ふる》え通しに慄えていたようなこともあったが、やがて綿入を一枚増やしてもらったのと、天候の恢復したのとで、ようやく人心地に帰って、ついにかぜ一つ引かずにともかくも今日まで漕ぎつけてきた。

監獄で冬を送るのもこれで二度目だが、ここは市ヶ谷や巣鴨から見るとよほど暖かいようだ。それに僕らの監房はちょうど真南向きに窓がついているので、日さえ照れば正午前二、三時間余りの間は、背を円くして日向ぼっこの快をとることができる。このために向こう側の監房に比べて四、五度温度が高いのだそうだ。されば寒いといってもたいがい四〇度〔摂氏四・四度〕内外のところを昇降しているくらいのもので、零度以下に降《くだ》ったのはただの一度、例の慄え通しに慄えていたときのみだと思う。

しかしこの温度も、いつかの手紙にあったように「ああ、炬燵の火も消えた、これで筆をおこう」などという、贅沢な目から見るのと少しわけが違う。足下らの国では火というもので寒さを凌ぐのかは知らんが、ここでは反対に水で暖をとっている。まず朝夕の二度、汲み置きの冷たい奴で、からだがポカポカするまでふく。そして三十分間、柔軟体操をやる。その気持ちのよさは、とうてい足下輩の想像しうるところでない。折々鉄管が凍って一日水の出ないことがある。そんな時には、したがってこの冷水摩擦ができねば、手足が冷たくて朝起きても容易に仕事にとりかかれず、また夜床にはいっても容易に眠られない。

しかし寒いのももうここ十日か二十日の間だ。やがて「噫《ああ》、窓外は春なり」の時がくる。

先月の中旬に体重を量った。例のごとくだいぶ減っている。去年の五月の入監の時には一四貫五五〇目〔約五五キロ〕あったのが、九月にここへ移ってきて一三貫六〇〇目〔五一キロ〕に下り、さらにこんどは一二貫七〇〇目〔約四八キロ〕に落ちた。もっともこの最後のには、二日の減食で二〇〇目〔七五〇グラム〕、四日の減食で六〇〇目というような念入りの減り方もあったけれど、それは一カ月ばかり後にまったく恢復していたはずだ。しかしこの降り坂も、もうたいがいはここらでお止まりのことと思う。

（下略）

＊

〔堀保子宛・一九〇九年四月二十六日〕

いい陽気になった。運動に出て二、三十分間ポカポカと照る春の日に全身を浴びせていると、やがて身も魂もトロトロにとろけてしまいそうな気持ちになる。

一、二週間前のことだった。この運動を終えて室に帰ってみると、どこからとも知れず吹く風にさそわれて桜の花びらがただ一片舞いこんできている。赤煉瓦の高い塀を越えてはるか向こうに、わずかに霞の中にその梢を見せている松のひとむらと、空飛ぶ鳥のほかに、なんら生の面影を見ない囚われ人にとっては、それがなんだか慰めのような、またからかいのような一種妙な混じり気の感じとなった。「ああ窓外は春なり」のあの絵〔ロシアの画家・ヤロシェンコ作、独房で椅子の上に立ち、窓外を眺める人物を描いた絵〕、あれを見て僕らのこのごろの生活を察してくれ。

しかし暖かくなって肉体の上の苦しみのなくなったのは何よりだ。そのせいか、体重もだいぶ増えた。一月から見るとちょうど四〇〇目ほど増して一三貫八〇目〔約四九キロ〕になった。十五日から着物も昼の仕事着だけ袷になった。

雑誌〔妻・保子が発行した『家庭雑誌』〕は不許になったが、姿だけは見た。

よくあれだけ広告が取れたね。大いに感心している。長年のお手並みだ。それだけでも経済の立ってゆかぬことはあるまい。以前のように日に一、二度ちょいと歩き回るくらいのやり方はよして、一生懸命に走り回るがいい。売り捌きの方の景気はどうだ。

(下略)

〔堀保子宛・一九〇九年六月十七日〕

*

ちょうど一年になる。早いといえばずいぶん早くもあるが、また遅いといえばずいぶん遅くもある。妙なものだ。

窓ガラスに映る痩せこけた土色の異形の姿を見ては、自分ながら多少驚かれもするが、さりとてどこといってからだに異状があるのでもない。一食一合七勺の飯を一粒も残さず平らげて、もう一杯欲しいなあと思っているくらいだ。要するに少しは衰弱もしたろうけれど、まず依然たる頑健児と言ってよかろう。

ただ月日のたつにしたがってますます吃りの激しくなるのには閉口している。このごろではほとんど半唖で、言いたいことも言えないから何事もたいがいは黙って通す。これは入獄のたびに感ずるのだが、こんどはその間の長いだけそれだけその度もひどいようだ。不愉快不自由この上もない。

かくして一方では話す言葉は奪われたが、一方ではまた読む言葉を得た。ドイツ語もいつかたとえて言ったような、蛙が尾をはやしたまま飛んで歩く程度になった。シベリア（ジョルジ・ケナンの『シベリアにおける政治犯人』の独訳）ぐらいのものなら字引なしでともかくも読める。イタリア語は本がなかったのでろくに勉強もしなかったのだけれど、元来がフランス語とごく近い親類筋なので、いっこう骨も折れない。さて、こんどはいよいよロシア語を始めるのだが、これはだいぶ語脈も違うので少しは困難だろうとも思うが、来年の今ごろまでにキット物にしてみせる。

いつかの手紙に近所に英語を教えるところができたから行こうと思うとあった。また先月の手紙にもまた○○へ行こうと思うとあった。思うのもいい、しかし本当に始めればなお結構だ。幸い若宮が近くに住むようになったから、頼んで先生になってもらうといい。語学の先生としてもまた他の学問の先生としても、○○よりはどれほどいいか知れない。ただとかく女は語学を茶の湯、活花視《いけばな》するので困る。もしやるなら真面目に一生懸命にやるがいい。そして僕の出獄のころにはひとかどのものにしておいてくれ。

先月の手紙でだいたいの様子は分かった。さすがに世の中は春だったのだね。しかも春風吹き荒むという気味だったのだね（幽月と秋水との情事を指す）。おうらやましいわけだ。しかし困ったことになったものだ。と言っても、今さらなんとも仕方があるまい。善悪の議論はいろいろあることだろうが、なるべく非難することだけはやめてくれ。汝らのうち罪なきものこれを打て。僕などはとうてい何人に向かっても石を投ずるの権利はない。

そんな事情から足下は一人の後見人を失い、またほとんど唯一の同性の友人を失ってしまった。今後は守田（有秋君）とか若宮とかの、よく世話をしてくれる人たちに何事も相談して、周到な注意のもとに行動するがいい。その上での出来事なら、たとえ僕の「将来の運動に関係」しても、また僕の「面目に係わ」っても、僕は甘んじてその責任を分ける。

幽月は告発されているよし。こんどはとても遁れることはできまいと思うが、平生の私情はともかくとして、できるだけの同情は尽くしてくれ。

雑誌の売れ行きについては多少悲観もしていたが、先日の話によれば思ったほど悪くもなさそうなので大いに安心した。あんな小さい雑誌でともかくも一家が食ってゆけるとはありがたいことだ。しかしこれはみな編集者をはじめ大勢の寄書家諸君のおかげだ。そのつもりで、足下は一方に広告や売り捌きに勉強して、それらの人々の労に報ゆるとともに、一方にはできるだけその雑誌の上で他の人々の便宜をはかる心掛けを持ってくれ。

ウォードの『社会学』とヘッケルの『人間の進化』は不許になった。こんどはウォードの『社会生理学』とヘッケルの『人類学』とを入れてくれ。

（監獄では、とかく社会学とか進化論とかいう名を嫌うので、この二冊の本は不許可になった。が、こうして同じ本を名を変えて入れてもらったら、無事に通過した。千葉の役人は英語もろくに読めないので、本の表題を和訳して差し入れたが、同じ本を幾度も幾度も名を変えては差し入れして、結局はたいがい無事に通過した。）

（堀保子宛・一九〇九年八月七日）

＊

ことしは急に激しい暑さになったので、社会では病人死人ははなはだ多いよし。ことに弱いからだの足下および病を抱く諸友人の身の上心痛に堪えない。

まだ市ヶ谷にいたとき、一日、堺と相語る機会を得て、数名の友人の名を挙げて、再び相見るときのなからんことを恐れた。はたして坂口は死んだ。そして今また横田（兵馬、当時第一高等学校在学中）が死になんなんとしている。横田には折々見舞いの手紙をやってくれ。彼は僕の最も懐かしい友人の一人だ。否、唯一の懐かしい友人だ。

八月といえば例の月だ。足下と僕とが初めて霊肉の交わりを遂げた思い出多い月だ。足下のいわゆる「冷静なる」僕といえどもまた感慨深からざるをえない。数うれば早や三年、しかもその最初の夏は巣鴨、二度目の夏は市ヶ谷、そして三度目の夏はここ千葉というように、いつも離れ離れになっていて、まだ一度もこの月のその日を相抱いて祝ったことがない。胸にあふれる感慨を語り合ったことすらない。

そしてこの悲惨な生活は、ただちに足下の容貌に現れて、年のほかに色あせ顔しわみゆくのを見る。しかし、これがはたして僕らにとってなげくべき不幸事であろうか。僕に愛誦の詩がある。ポーランドの詩人クラシンスキイの作、題して「婦人に寄す」という。

水晶の眼もて人の心を誘い、

徒《いたず》らの情《つれ》なさによりて人の心を悩ます。
君はまだ生の理想に遠い、
君はまだ婦人美を具えない。

紅の唇、無知のつつしみ、
今やその価《あたい》いと低い。
君よ、処女《おとめ》たるを求めず、
ただこの処女より生い立て、
世のあらゆる悲哀を嘗めて。

息の喘ぎ、病苦、あふるる涙、
その聖なる神性によりて後光を放ち、
蒼白のおもて永遠に輝く。

かくして君が大理石の額の上に、
悲哀の生涯の、
力の冠が織り出された時、
その時！　ああ君は美だ、理想だ！

雑誌の禁止は困ったことになったものだね。しかしこれもお上の御方針とあれば致し方がない。かくして生活の方法を奪われたことであれば、まず何よりも生活をできるだけ縮めることが必要だろう。家もたたんでしまうがいい。そして室借生活をやるがいい。

なにか新しい計画もあるようだが、これはよく守田や兄などにも相談してみるがいい。社会の事情の少しも分からん僕には、なんともお指図はできないが、要するに仕事の品のよしあしさえ選ばなければ、なにかすることはあろうと思う。日に十一、二時間ずつ額にあぶらして下駄の鼻緒の芯をつくって、そして月に七、八銭ずつの賞与金というのをもらっている人間の女房だ。何をしたって分不相応ということがあるものか。

（中略）

やがて二人出る。村木はそうでもないようだが、百瀬〔晋〕はだいぶ痩せた。一度ぐらい大いに御馳走してやってくれ。来月末には巌穴（赤羽）が出る。そのつぎは来年の正月の兇徒連。人のことではあるがうれしい。

暑くるしいので筆をとるのが大儀至極だ。これで止す。さよなら。

〔堀保子宛・一九〇九年十月九日〕

＊

先月はずいぶん手紙のくるのを待った。二十日過ぎにもなる。まだ来ない。不許にでもなったのだろう、とも思ってみたが、しかし来ないのは僕のところばかりでもないようだ。堺のところなぞもまだきた様子が見えない。少し変だ。きっとこれは社会になにか異変があったのに違いない。あるいは愚童（内山愚童、大逆事件の一人、その事件の起こる少し前に不敬事件で収監された）の事件からでも、とんでもない嫌疑をこうむって、一同拘引というようなことになっているのじゃあるまいか。さあ、こう考えると、それからそれへといろいろな心配が湧いてくる。監獄にいるものの頭は、あたかも原始の未開人が天地自然の諸現象に対するがごとく、または暗中を物色しつつ行くもののそれに似ている。なにか少しでも異常があれば、すぐに非常な恐怖をもってそれに対する。あとで考えるとおかしいようでもあるが、本当にどれほど心配したか知れない。

一日の面会で無事な足下の顔を見て初めて胸をなで下ろした。こんどはなるべく注意して不許になるようなことは書かないようにしてくれ。なにもそう無暗《むやみ》に長いものを書くにも及ばない。僕はただ足下がどんなにして毎日の日を暮らしているか、それがよく分かりさえすりゃ満足なのだ。

しかし足下も前の巣鴨のときと違って、こんどはいつも肥え太った、そしてあざやかな笑顔ばかり見せるので、僕は大いに安心している。あのころから見ると足下もだいぶえらくなった。ただ人の助けを待つ、ということの代わりに、細いながらも自分の腕を働かせてゆく。ずいぶん困ってもいるのだろうが、そうピイピイ泣言《なきごと》もいわない。一軒の家に一人ぽっちで住んでいる。これらはとても昔の足下にはできなかったことだ。僕は本当に感心している。もうざっと一年ばかりの辛棒だ。まあ、しっかりやってくれ。

この手紙の着くころはちょうど『議論』の出る予定のころだと思うが、広告のとれ具合はどうか。雑誌の種類も前のとはだいぶ違うし、それにあまり広告に向くものでもなし、よほど困難なことと察せられる。ただ、今までのお得意にせびりつくのだね。十二月の面会の時にはぜひ雑誌を一部持ってきて、せめては足下の働きぶりだけでも見せてくれ。

英語はやはり続けてやっているか。先生をかえたのは惜しいことをした。足下なぞは自分で勉強する方法を知らんのだから、よほど先生がしっかりしていないと駄目だ。ともかく僕のロシア語と競争にしっかりやろうじゃないか。僕もあの文典だけは終わった。来週から先日差し入れの本にとりかかる。

幽月はいよいよ寒村と断って、公然秋水と一緒になったよし。僕はあの寒村のことだから煩悶をしなければいいがと心配していたが、案外平静なようなのでまずまず安心している。いつかも慰め顔にいろいろと問い尋ねる看守に、かえってフリー・ラブ・セオリーなぞを説いて、こうなるのが当たり前でしょうよと言ってカラカラと笑っていた。しかし例の爪は見てもゾッとするほどひどく噛みへらされてしまった（寒村は爪を噛む癖があった）。さていよいよ公然となれば、いわゆる旧思想（秋水らはこう呼んでいたそうだ）とかの人たちはだまっているわけにもゆくまい。いずれいろいろ喧《やかま》しいことと思う。しかし足下なぞはいつかも言ったとおり、あまり立ち入らんようにするがいい。

横田は本当にかわいそうなことをした。僕はあの男がついにその奇才を現すことなくして世を去ってしまったのがいかにも残念でたまらぬ。それに僕を最もよく知っていたのは実に彼だった。僕は彼の訃を聞いて、あたかも他の僕の訃に接したような気がする。

つぎの書籍差し入れを乞う。

日本文、金井延著『社会経済学』、福田徳三著『経済学研究』、『文芸全書』(早稲田から近刊のはず)。

英文、『言語学』、『生理学』(いずれも理化科学叢書の)、『科学と革命』(平民科学叢書の)、ワイニフンド・スティブン著『フランス小説家』。

仏文、ラブリオラ著『唯物史観』、ル・ボン著『群集心理学』。

独文、ゾンバルト著『労働問題』、『菜食主義』(ドクトル加藤所有。これは長々の実行で実は少々心細くなったから、せめてはその理論だけでも聞いて満足していたい、ドクトルにそういって借りてくれ)。

露文、トルストイ作『民話』(英訳と合本して)。

＊

〔大杉伸宛・一九〇九年十一月二十四日〕

父の死、事のあまりに突然なので、僕は悲しみの感よりはむしろ驚きの感に先立たれた。したがって涙にくれるというよりもむしろただ茫然自失していた。そして家のあと始末を万事任せるとするると、この知らせのあった翌日、君が面会にきた。そして家のあと始末を万事任せるとの委任状をくれという。僕は承知した。

しかしあれは取り消す。そしてつぎのように考えを変えた。まず保子にある条件を委任して、三保〔父の住まいがあった三保村、現・静岡市清水区〕に行ってもらい、調べることは調べ、処理すべきことはみんなと相談して処理すること。またその後の話によれば訴訟事件（父と父の関係していたある会社との）もあるとのことだから、別に僕の知人の弁護士にもある条件を委託して保子と一緒に三保へ行ってもらうこと。なおそのほかには種々なる法律上の問題もあろう。それらについては万事この弁護士を顧問とするがいい。この人は従来しばしば僕らが世話になった人で、こんども多忙のところを友誼上いろいろと引き受けてくれることとなったのだ。そのつもりで相応の尊敬を払って相談するがいい。

保子はともかく僕の妻だ。僕の意見はだいたい話してもあり、また手紙で書き送ってもある。

したがってその言うことはだいたい僕の言葉と承知してもらいたい。君はまだ親しくもない間柄ではあるが、僕よりは年上のことでもあり、世路の種々の艱難《かんなん》も経てきてい、ある点ではかえって僕よりも確かなところがある。保子とはいろいろよく打ちあけて話し合うがいい。

要するに、家の整理はこの二人を僕と見て、そして、猪伯父《いのこ》（たぶんいま三保にいるのだろうと思う、もしいなければ除く）、母（その二、三年前にきた継母）および君の五人で相談してきめることにしたい。

僕は元来まったく家を棄てた者だ。かって最初の入獄の時、東京監獄からそのことを父に書き送ったことがある。父は君にもそれを見せたと思う。しかし僕が家を棄てたのは、それで長男たる責任をまったくなげうったのではない。父の生きている間は、父に相応の収入もあり、またその他のすべての点においても、僕がいなくとも事がすむと思うたからだ。用のない家庭の累からまったく僕の身を解放して、そして他に大いに有用な義務を尽くそうと思ったからだ。されば家を出てからは、ほとんどまったく弟妹をも顧みず、また父にも僕の廃嫡を願っておいた。僕はこれに対して父や弟妹らがどんなに悲しく情けなく思っていたか、それはよく知っている。しかし時には自ら泣きながらもなおあえてこの行為を続けていた。

しかし父が死んでみれば、僕はそうしてはいられない。僕の責任を尽くさねばならぬ。今は僕がやらなければやる人がない。もとより僕の思想は棄てることはできぬ。僕は依然としてやはり社会主義者だ。むしろ獄中の生活は僕の思想をますます激しくする傾きがある。ただもとの僕はほとんど一人身のからだであったが、今からの僕は大勢の兄弟を後ろに控えたからだ。したがってその間に僕の行動に多少の差がなければならぬ。僕はもちろんこの覚悟をしている。この点はよく察してもらいたい。

僕はまだ母とは親子として対面したことがない。また手紙での交通もしたことがない。そしてお互いの間にはいろいろ誤解がわだかまっているようだ。しかし僕は、母は母として尊敬する。ことに父の死後はなおさらに謹みを深くする。君もこんどは保子が仲にはいることでもあり、十分お互いの融和を謀るがいい。

それから、君がいま努めなければならぬ最大の責務は、幼弟幼妹らに対して十分の慰めと励みとを与えることだ。父は死ぬ。頼みとする僕は牢屋にいる。みんなはほとんど絶望の淵にいるに違いない。君以下の弟妹らの今後の方針については保子に詳しく書き送ってある。なお、君の希望も十分保子に話してくれ。

この手紙は伯父が三保にいるなら見せてくれ。また母にも、もし君に差し支えがないなら、見せてくれ。

〔堀保子宛・一九一〇年二月二十四日〕

＊

僕らの室の窓の南向きなこと、およびそれがために毎日二時間ばかり日向ぼっこができることなどは、いつか話したように思う。

こうして日向ぼっこをしながら仕事をしていると、なんだか黒いものが天井から落ちてくる。見ると蝿だ。老の身をようように天井の梁裏に支えていたのが、ついに手足が利かなくなって、この始末になったのだ。落ちてきたまま仰向きになって、羽ばたきもできずに、ただわずかに手足を慄《ふる》わしている。指先でそっとつまんで日向の暖かいところへ出してやると、一、二分してようやく歩き出すようになるが、ついに飛ぶことはできない。よろばいながら壁を昇っては落ち、昇っては落ちしている。

これは十二月から一月にかけて毎日のように見る悲劇だ。毎朝の室の掃除には必ず二、三疋の屍骸を掃き出す。

横田が茅ヶ崎あたりにゴロゴロしていたのも、また金子（喜一君）がわざわざ日本まで帰って箱根あたりをぶらついていたのも、要するにこの日向へつまみ出してもらっていたのだなどと思う。若宮もとうとうこの日向ぼっこ連にはいったのか。十年の苦学をついになんらなすことなくして、肺病の魔の手にささげてしまうのか。こんど出たら彼の指導のもとに大いにソシオロジーの研究をしようと思っていたが、あるいはその時にはもうこの良師友に接することもできぬかも知れんのか。まず何よりも養生を願う。足下もできるだけの手を尽くして看護なりなんなりに努めてやってくれ。

寒村は目今、失意の境にある。よく慰めてやってくれ。

（下略）

〔堀保子宛・一九一〇年四月十三日〕

*

戸籍法違犯とかいうので、この八日に裁判所へ喚び出された。ちょうど一年半目に人間の住む社会なるものを例の金網越しにのぞき見した。僕らの住んでいる国に比べると、妙に野蛮と文明とのごっちゃまぜになったところのように感じた。いちょう返しがひどく珍しかった。桜も四、五本目についた。事は相続の手続きが遅れたとかいうのでほんのちょっとした調べではあったが、口の不自由になっているのには自分ながらほとほとあきれた。それに最初の答えから海東郡だの神守《かもり》村だのという言いにくい言葉ばかりなんだから。僕はこんど出たら、どこか加《か》行や多《た》行の字のないところに転籍する。その後その決定がきた。科料金二〇銭。

ことしは四月にはいってから毎日のように降ったり曇ったりばかりしていて、したがって寒いので、少しも春らしい気持ちをしなかったが、きょうはしばらく目のいい天気だ。なんだかぽかぽかする。このぽかぽかが一番社会を思い出させる。社会といっても別に恋しい所もないが、ただ広々とした野原の、萌え出ずる新緑の空気を吸ってみたい。小僧（飼犬の名）でも連れて、戸山の原を思うままに駈け回ってみたい。足下と手を携えて、といいたいが、しかし久しい幽囚の身にとってそんな静かな散歩よりも激しい活動が望ましい。寒村などはどうしているか。

僕らの室の建物に沿うて、二、三間の間をおいて桐の苗木が植わっている。三、四尺から六、七尺の丈ではあるが、まだ枝というほどのものはない。何のことはない、ただ棒っ切れが突っ立っているようなものだ。それにちょっとした枝のあるものがあっても、子供の時によく絵草紙で見た清正の三本槍の一本折れたのを思い出されるくらいの枝だ。こんなのが冬、雪の中に、しかもほかになんにもない監獄の庭に突っ立っているさまは、ずいぶんさびしい景色だ。しかしこの冬枯れのさびしい景色が僕らの胸には妙に暖かい感じを抱かせた。棒っ切れがそろそろ芽を出してくる。やがてはわずかに二、三尺の苗木にすら、十数本の、あの大きな葉の冠がつけられる。そのころには西川が出よう。

うちのことについていろいろ書かなければならんこともあると思うが、足下からの便りがないので、何がどうなっているのか少しも事情が分からない。足下からの手紙はたしか十一月の父の死の知らせが最後だ。一月には松枝（妹）と勇（次弟）からのがきた。三月には足下のと思って楽しんでいたら、伸（長弟）の、しかも一月に出した、用事としてはすでに時の遅れた、内容の無意味きわまる、実に下らないものを見せられた。面会はいつもあんなふうにいい加減のところで「時間だ時間だ」といっては戸を閉められてしまうのだし、用の足りぬこともまたおびただしいかなだ。今うちにだれとだれがどうしているのやら、またどんな経済の事情やら、その他万端のことを本月の面会の時によく話の準備をしてきて、簡単にそして詳細によく分かるように話してくれ。

足下は初めて子供らの世話をするのだが、どうだい、ずいぶんうるさい厄介なものだろう（継母は父のいくらもない財産の大部分を持って去った。そしてすでに嫁入っている二人の妹のほかの六人の弟妹が保子のもとに引き取られた）。僕は別に難しい注文はしない。ただみんなを活発な元気な子供に育ててくれ。ナツメ（飼猫）は急にいたずらをされる仲間ができて困っていやしないか。

去年の十月からほとんど毎月の手紙のたびにドイツ文の本の注文をしているのだが、どうしたのだろう、さらに送ってくれないじゃないか。せっかく出来あがりかけた大事なところを半年も休みにされては、またもとのもくあみに帰ってしまう。大至急何か送ってくれ。

目録の中から安い本を書き抜こう。

フンボルト著『アンジヒテン・デル・ナトゥル』。

ヤコブセン著『ゼックス・ノベルレン』。

『ヴィッセンシャフトリヘ・ビブリオテク』6-8. 17. 73.

ベルタ・フォン・ズットネル著『ディ・ワッヘン・ニイデル』。

しばらくドイツ語を休んだ代わりに、ロシア語に全力を注いだので、こっちは案外に早く進歩した。『生立の記』(トルストイ)のようなものなら何の苦もなく読める。来月中にまた何か送ってくれ。

先月の末からの差し入れのものはたいがい不許になった。近日中に送り返す。なおつぎのものを至急送ってくれ。(これは、実はいったん不許になったものを、また別な名で差し入れる指図をしたものだ。)

伊文。『プロプリエタ』(経済学)、『フォンジュアリヤ』(哲学の基礎)、『ロジカ』(倫理学)、以上――の著。

英文。ルクリュ著『プリミチフ』(原人の話)、『ドラマチスト』(文学論)、『スカンジネビアン』(北欧文学)、『フレンチ・ノベリスト』(仏国文学)。

仏文。ラポポルト著『歴史哲学』、ノビコオ著『人種論』。

なおほかに英文で、ウォードの『ピュア・ソシオロジー』と『サイキカル・ファクタース』、ギディングスの『プリンシプル・オブ・ソシオロジー』。

ここまで書いたら、体量をとるので呼び出された。一三貫四〇〇目(約五〇キロ)。去年の末からとるたびに一〇〇目二〇〇目ずつ増える。からだの丈夫なのはこれで察してくれ。

*

〔堀保子宛・一九一〇年六月十六日〕

不許とあきらめていた四月上旬出の手紙を五月の半ばに見せられた。たぶん三月の半ばに一月出の伸のを見たから、それから満二カ月目（懲役囚は二カ月に一回ずつしか発信受信を許されていない）の今日まで延ばされたのだと思う。お上の掟というものはまことに森厳なものだ。しかし四月下旬出のあの手紙は即刻見ることができた。これはまたたぶん臨時にというお恵みに与かったのだと思う。お上の掟にはまたこの寛容がある。ともかくこの二通の手紙で万事の詳しいことが分かったので、はなはだありがたかった。

花壇を造ったということだが、思えば僕らが家を成してからすでに六年に近く、この間自ら花壇を造ることのできたのがわずかに二回、しかも一回だに自分の家の花壇の花を賞したことがない。

この監獄では僕らの運動場の向こうに、肺病患者などのいる隔離監というのがあって、その周囲の花壇がいつも僕らの目を喜ばしてくれる。本年も四月の初めに、何の花だか遠目でよくは分からなかったが、赤い色の大きなのが咲きそめて、今はもう、石竹、なでしこの類が千紫万紅を競うている。そしてこの花間を蒼面痩軀の人たちが首うなだれておもむろに逍遙している。僕は折々自分のからだのはなはだ頑健なのを嘆ずることがある。色も香もない冷酷な石壁の間に欠伸しているよりは、むしろ病んで蝶舞い虫飛ぶの花間に息喘ぐ方が、などと思うことがある。帰るころにはコスモスが盛んだろうということだが、ここにもコスモスは年の終わりの花王として花壇に時めく。お互いにこのコスモスの咲くころを鶴首して待とう。

去年の春は春風吹き荒んで、楊花雪落覆白蘋、青鳥飛去銜赤〔紅〕巾〔注〕というような景色だったが、ことしの春の世の中はどうだったろう。いずれ面白い話がいろいろあることと想像している。

兄が近所にきてくれたので家のことはまずまず安心した。こんどの兄の子は男か女か。兄の細君にもいろいろ世話になるだろう。よろしく。進（三弟）の腕白にはだいぶ困らせられたようだね。人間の子を育てるのはお雛様や人形を弄ぶのとは少しわけが違う。もし足下らの女の手に自由自在になるような男の子なら、僕はその子の将来を見かぎる。教育の要は角をためることでなくして、ただその出る方向を指導することにある。進はかつてその容貌最も僕に似るといわれていたが、あるいはその腕白もそうなのだろう。それにあの子は少し吃りやしないか。よくもいいところばかり似るものだ。その後学校の方はどうなったか。勇は何かしでかして家に来られないようになっているとのことだったが、まさか今なおそんな事情が続いているのではあるまいね。彼は今、少年期から青年期に移る、肉体上および精神上に一大激変のある最も危険な年頃にある。そして出ずれば工場の荒い空気の中、帰れば下宿屋の冷たい室の中、というはなはだ情けない、そしてまた、はなはだ危険なところにある。休日などにはなるべく家へきて、一日なり半日なりの暖かい歓を尽くさせてやってくれ。伸の徴兵検査はどうなったか。弟妹ら一同に留守中の心得というようなものを書きたいと思ったが、許されないので致し方がない。五カ月ののち相ともに語るまでおとなしく待つように伝えてくれ。

(中略)

若宮、守田の病気いかに。社会にいるものはなぜそうからだが弱いのだろうね。この雨がやんだら急に激暑がくるだろう。足下のお弱いおからだもお大事に。

〔注〕杜甫「麗人行」の一節。【読み】楊花《ようか》雪のごとく落ちて白蘋《はくひん》を覆《おお》い、青鳥《せいちょう》飛び去りて紅巾《こうきん》を銜《ふく》む。【訳】柳の花が雪のように落ちて浮き草を覆い、青い鳥が紅巾をくわえて飛び去ってゆく。(この後に楊宰相一族の権勢は盛んだから、近寄ると火傷をする、という意味の句が続く)

＊

〔堀保子宛・一九一〇年九月十六日〕

夏になれば少しくらいからだのだるくなるのは当たり前のことだ。しかし僕は去年だって一昨年だって、特にからだが弱るとか、食欲が減るとかいうようなことは少しもなかった。そして心中ひそかに世間の奴らや従来の自分を罵って、夏になって何とかかとか愚図つくのはきっとふだん遊んで寝て暮らしている怠けものに限る、などと豪語していたものだ。

それだのに本年はどうしたのだろう。満期の近い弱みからでもあろうか、ひどく弱りこまされた。まず七月早々あの不順な気候にあてられて恐ろしい下痢をやった。食べるものは少しも食べないで日に九回も一〇回も下るのだもの、病気にはごく弱い僕のことだ。本当にほとほと弱りこまされた。その後二カ月余りにもなって、まだ通じもかたまらず、食欲も進まない。雨でも降って少し冷えると、三、四回も便所へ通う。そして夜なぞはひどく腹が痛む。医者も慢性だろうというし、僕もあるいは幸徳か横田(二人とも腸結核だった)のようになるのじゃないかとひどく心配していた。もっともこの四、五日は便もだいぶ具合がよし、おとといの雨にも別に変わりはなかったが、うまくこれで続いてくれればいいがと祈っている。

山川らの出た日だった。さほど強い風でもなかったが、もう野分というのだろう、一陣の風がさらさらと音するかと思ううちに、この夏中さしわたし二尺余りもある大きな葉の面に思うままに日光を吸うていた窓先の桐の葉がばさばさと半分ばかり落ちてしまった。そしてその残っているのも、あるいは破れあるいは裂けて、ただつぎの風を待っているだけのようだ。秋になったのだ。

病監の前のコスモスもずいぶん生え茂ってもう四、五尺のたけに延びた。さびしい秋の唯一の飾りで、かつやがては僕らを送り出す喜びの花になるのだろうと、ひたすらにその咲き匂うのを待っていた。

すると本月の二日、突然ここに移されてきた。何のためだかは知らないが、千葉にはいささかの名残もない。塵を蹴立ててやってきた。ここでは八畳敷の部屋に一人住まいしている。仕事は経木あみ。前には二枚ずつを三本にして編むのだったが、こんどは五本に進歩した。またまずいの少ないのと叱られないようにと思って、一生懸命にやっているが、日に一六丈何尺というきまりのをようやく三丈ばかりしかできない。夜業がなくて、暗くなるとすぐ床につけるのと、日曜が丸っきり休みなのとが、はなはだありがたい。

六日に例の課長さん（今の監獄局長、当時の監獄課長谷田三郎君）がきて、「きょう君の細君が本を持ってきたから、差し支えのないものだけ名を書いておいた」という仰せだった。その本は受け取った。これからは司法省の検閲を経る必要はない。直接ここへ持ってきてくれ。至急送ってもらいたい本は、

英文。『ダーウィン航海記』。ディッケンの『哲学』。ショーの『イプセン主義神髄』。クロの『ロシア文学』。モルガンの『古代社会』。『個人進化と社会進化』。『産業進化論』。

独文。『科学叢書』。

露文。『文学評論』。

伊文。……

本は五冊ずつ月に三度下げてもらえる。（東京監獄にて）

〔堀保子宛・一九一〇年十月十四日〕

＊

八月に書いた手紙は不許になったが、九月に出したのは着いているのだろうね。足下の方からさらに便りがないので少しも様子が分からない。この手紙の着くころはちょうど足下が面会に来れるときに当たるのだが、今はただそれのみを待っている。

前の手紙に胃腸をわるくしているなぞと書いておいたから、定めて心配していることと思うが、その時にもちょっと言っておいたようにその後は、はなはだ経過がいい。まだ一週に一度ぐらいは下るが、たいした下りかたではない。痛みはまったくなくなった。このくらいの下痢なら、ちょうどここで毎週一度大掃除をやるように腹の中の大掃除をするような気持ちがして、かえって小気味がいい。出るまでにはぜひ治したいと思ってしきりに運動して養生している。

ことしは初夏以来雨ばかり降り続く妙な気候なので、内外にいる日向ぼっこ連の健康がはなはだ気づかわれる。あとの二度とも本が郵便でばかりくるので、あるいは足下も寝ているのじゃあるまいかと心配している。八月の千葉での面会の時に、読んでしまった本を持って帰れと言ったときも、眼に涙をいっぱいためて何のかのと言いわけする情けなさそうな顔つきは、どうしても半病人としか受け取れなかった。

手紙もこれで最後となった。これからは指折って日数を数えてもよかろう。僕の方では毎十の日に本が下るのでそれを暦の一期にしている。まず本がくると、それを十日分の日課に割って読み始めるのだが、いつもいつも予定の方が早すぎるので、とかく日数の方が足らぬがちになる。したがって日にちのたつのが驚くほど早い。そして妙なのは、この五、六月以来堪えられぬほどその恋しかったのが、ここにきてからは跡かたもなく忘れて、理屈の上でこそもう幾日たてば出られるのだとは知っているものの、どうしても感情の上のそんな気が浮かんでこない。なんだか今ここにこうしているのが自分の本来の生活ででもあるような気持ちすらする。しかし何といっても定めの日がくれば出なければなるまい。

森岡の神様(獄中で少し気が変になって自分は神様だと言い出した一同志)はどうした。一思いに腐れ縁を切ってしまわなくっちゃというので、だれにも会わずにすぐ船で大連へ行くと言っていたが。なるほどああいう男も出来るのだから、お上でわれわれを監獄にぶちこむのも多少はごもっともとも思われる。僕もすっかり角を折ってしまった。こんどこそは大いにおとなしくなろう。もう喧《やかま》しい難しいことは一切よしにして、罪とがもない文芸でも弄んで暮らすとしようか。それとも伸(弟)のように三井あたりで番頭にでも雇おうというなら、金しだいでどこへでも行こう。ほかになんにも芸はないが、六カ国ばかりの欧州語なら、堅いものでも柔らかいものでも何でも御意のままに翻訳する、というような触れで売り物にでも出ようか。しかしせっかくこうしておとなしくなろうと思っていても、お上で依然として執念深くつきまとうようなことがあっては、何もかもおジャンだ。(下略)〔完〕

解説

大杉豊

『獄中記』は、獄中体験記にとどまらず「監獄で出来あがった」大杉栄の修養譚という趣が濃い。獄中生活が若かりし大杉の人間・思想形成にどう作用したか、「社会革命の一戦士」として立つ姿勢や、家族・同志との絆がどう確固としていたか、実情がよく分かる。

演劇なら三幕ものになろう。第一幕は、「監獄人」として自己形成をした過程で、入獄の経緯や獄中の奮闘、思索などの独白。二幕目は、ちょっと変わった囚人や獄吏を振る舞い、台詞を付けて紹介。もう一幕は、面会所で吃りながら語る、監房暮らしや折々の感想である（実際は書簡）。

「獄中記」として書く前に、「監獄人」とか「監獄で出来あがった人間」とかいう題で、創作にしてみようかという気もあった、と述べているから、自己形成の独白を本筋にしたかったようだ。編集者の要望が「甘い、面白おかしいもの」というので、かいつまんでの話にとどめているが、それでも、獄中生活が自身の血肉になった事情は、本書全体を通じて読み取ることができる。次のように告白しているとおりだ。

「僕の知情意はこの獄中生活の間に初めて本当に発達した。いろいろな人情の味、というようなことも初めて分かった。自分とは違う人間に対する、理解とか同情とかいうようなことも初めて分かった。客観はいよいよますます深く、主観もまたいよいよますます強まった。そして……自己を実行の上に表すことのできない囚人生活によって、この無為《イナクティブ》を突き破ろうとする意志の潜勢力を養った」(『続獄中記』)

まずは「監獄学校」での修学。とくに千葉での二年半は、熱が入った。社会学を専門にするべく、「人間の根本的性質を知るために」生物学、人類学の本を読み、経済学へと進んだ。アナキズムの文献とは離れてである。ほかに好きな文学も内外を渉猟。幅広い読書で身につけた教養と知識は、社会観を深め、思想形成を促す養分となった。

加えて、外国語の独習。「元来僕は一犯一語という原則をたてていた」と言うくらいで、一犯ごとに一外国語を習得する意気込みで精励した。エスペラント語ほか四カ国語。そのテキストを含め、大量の書籍差し入れは、友人たちを頼りに、妻の堀保子が尽力する。夫のあくなき要求は、ごく一部だが、「獄中消息」で察することができよう。

「人情の味」とか、他人への「理解」とかが分かった、と述べる実相は、さまざまな人間観察の記録から、およその見当がつく。「与太的雑録」と自嘲する人物記には、死刑や無期の獄中者、詐欺や偽金造り、雑役をする旧友、二十五年もいて放免になった一刻者、ひょうきん者の少年などの「獄友」たち、また変わり種の職員たちが登場。極限状況でのあらわな姿を活写する。その後の消息も追う念の入れようと合わせ、文学好きの大杉らしい「人間を知ろうとする興味」の表れである。十年も前のことなのに、ユーモアとペーソスをまじえた語り口はリアルだ。死刑執行人やトンボを放す話では、死生観にも及んで、自身の切なる思いを吐露している。

「獄中消息」は、同志や妻・堀保子への書簡からの抜粋である。獄中生活や差し入れの要望を知らせるいっぽう、家族や友人への親密、細やかな心遣いもみせている。

こうして「監獄人」として鍛えられる元になった「僕の前科」は、初めに列記しているように五犯ある。ただし刑期は、「ほんのうろ覚え」というとおり、三回が記憶違いだ。訴因の事件を略記しつつ、正しておこう。

最初の「秩序紊乱」は、『平民新聞』に訳載したクロポトキン「青年に訴ふ」の内容が、「社会の秩序を壊乱する」として、軽禁錮一ヵ月半を科せられたもの。

次の「朝憲紊乱」も筆禍事件。『光』に訳載した「新兵諸君に与ふ」が、反戦を訴える内容として、大審院より軽禁錮四ヵ月、罰金五〇円に処せられた。

「屋上演説事件」は、当時の社会主義運動が直接行動派（硬派）と議会政策派（軟派）に分かれていた、その硬派・金曜会の例会で起きた事件。警察の解散命令に抗議し、二階の窓から屋根に出て、外に集まった労働者に向かって演説を打った。演説をした三人、堺利彦・山川均・大杉には軽禁錮一ヵ月半の判決。

「電車事件」は、東京の市電運賃値上げに反対する市民集会（日比谷公園）からのデモ行進で、社会党員一〇名などが逮捕された事件。大杉にとっての初陣で、東京監獄未決監に三カ月収監された。のちに重禁錮一年半が確定するが、次の赤旗事件の刑に併合されて、儲けることになる。

「赤旗事件」は、神田・錦輝館で開かれた同志の出獄歓迎会で起きた。大杉ら硬派の連中が赤旗三旒《りゅう》を振って示威。外へ飛び出したところ、警官隊と旗の取り合いになり、一二名が有罪とされた。先頭に立った大杉は最も重い重禁錮二年半。

本書のうち「獄中記」は、『新小説』一九一九（大正八）年一、二月号に、「続獄中記」は同じく四月号に掲載された。大杉は獄中体験を、よく人に語っており、それならと馬場孤蝶が執筆を勧めたのである。読者からの評判はよく、一般誌に原稿が売れる契機となった。

大杉の長篇ものとして、珍しく伏字がないのは、編集者（田中純であろう）が、規制したためのようだ。途中で、「ここが悪い、あすこを消してくれなぞと、いやにびくびくしやがるから、もうお断りだ」と言って、出版社に断固たるはがきを出したが、折りあいがついたのだろう。同年八月には、「獄中消息」を加えた著書として、春陽堂から出版された。

大杉栄獄中読書録

獄中で読み、あるいは差し入れを依頼した図書を、『獄中記』および書簡に記載されているものについて時系列にまとめた。

◎市ヶ谷の巻　1906年3月20日〜6月21日

フォイエルバッハ『宗教論』／アルベール『自由恋愛論』／トルストイの小説集（英文）／『バクーニン全集』／『ハムレット』（エス文）

＊

◎巣鴨の巻（上）　1907年5月26日〜11月10日

クロポトキン『パンの略取』／クロポトキン『相互扶助』／ルクリュ『進化と革命とアナキズムの理想』／グラーヴ『アナキズムの目的とその実行方法』／ドウィッチェ『神愁鬼哭』／久米邦武『日本古代史』／チェルケゾフ『社会主義史』／クロポトキン『無政府主義の倫理』／クロポトキン『無政府主義概論』／クロポトキン『無政府主義と共産主義』／クロポトキン『裁判と称する復讐制度』／マラテスタ『無政府』／ロラー『総同盟罷工』／ニューエンヒュイス『非軍備主義』／ゾラ『アソンモアル』／マラトウ『無政府主義の哲学』／『荘子』／『老子』／雑誌『家庭雑誌』／雑誌『日本エスペラント』／クロポトキン『自伝』

＊

◎巣鴨の巻（下）　1908年1月17日〜3月26日

クロポトキン『謀反人の言葉』／ゴーリキー『同志』／Kropotkine『La Conquête du Pain』／Charles Malato『De la Commune à l'Anarchie』／Ferdinand Domela Nieuwenhuis『Le Socialisme en Danger』／ノビコオの本

＊

◎千葉の巻　1908年6月22日〜1910年11月29日

トルストイ『幼年時代、少年時代、青年時代』（露文）／コロレンコ『悪い仲間』（独文）／アンドレーエフ『七死刑囚』／トルストイ『復活』／アーヴィング『スケッチブック』（独文）／『La Morale』／『Avare』（吝嗇

爺）／『地球の生滅』（英文）／『植物の精神』（英文）／『Ein Blick in die Zukunft』（独文）／Boetius『Die Tröftungen der Philosophie』（独文）／ジョルジ・ケナン『シベリア紀行』／ジョルジ・ケナン『ルシツシェ・ゲフェングニツセ』／ジョルジ・ケナン『ツェルトレーベン・イン・シビリーン』／ハイネの作を全部（叢書中、仏文のもの）／ゲーテの作を全部（叢書中、仏文のもの）／シルレルの作を全部（叢書中、仏文のもの）／コルネイユ全集（仏文、1冊）／モリエール全集（仏文、3冊）／ドイツ文学史／英文学史／シナ文学史／『Kondukanto de l'inteparolado kaj Korespondado』（エス語会話、エス文）／『La Fundo de L'mizero』（悲惨の谷、エス文）／『Vojago interne de mia cambro』（室内旅行、エス文）／『エスペランタユ・プロザゾエ』（エス語散文集、エス文）／雑誌『ノチア・レブオ』／雑誌『日本エスペラント』／トルストイ／イプセン／『太平記』／雑誌『早稲田文学』／雑誌『帝国文学』／雑誌『新天地』／島村抱月の近代文学研究／早稲田の『文芸百科全書』／三宅雪嶺『宇宙』／『レスプブリカ』（イタリア史、伊文）／ウォード『社会学』（社会生理学、英文）／ヘッケル『人間の進化』（人類学、英文）／ルソー『エミール』（教育学、仏文）／『Diversajoj』（エス文集、エス文）／大西博士の著書／高山博士の著書／『モダーニズム・エンド・ローマンス』（近代文学）／『世界婦人』／『バイブル』（伊文）／金井延『社会経済学』／福田徳三『経済学研究』／理化科学叢書『言語学』（英文）／理化科学叢書『生理学』（英文）／平民科学叢書『科学と革命』（英文）／ワイニフンド・スティブン『フランス小説家』（英文）／ラブリオラ『唯物史観』（仏文）／ル・ボン『群集心理学』（仏文）／ゾンバルト『労働問題』（独文）／『菜食主義』（独文）／トルストイ『民話』（露文）／『経済学序論』（仏文）／『宗教と哲学』（仏文）／イリー『経済学概論』（英文）／モルガン『古代社会』（英文）／『個人の進歩と社会の進歩』（英文）／『ロシア史』（英文）／『ストリー・オブ・ザ・ヒューマン・マシン』（機械的心理学）／雑誌『現代評論』／社会学の名著（仏文）／露仏辞書／独仏辞書／伊仏辞書／西仏辞書／スペイン語文法（仏文）／最近哲学（仏文）／最近科学の傾向を書いたもの（仏文）／最近文学、ことにローマンおよびドラマの形勢（仏文）／アナトール・フランスの創作および評論（仏文）／オクタブ・ミルボーの創作および評論（仏文）／ディーツゲン『哲学』／イプセン『文学神髄』／『ジャング

リ』（米国文学）／ジャック・ロンドン『ワー・オブ・クラッセス』／バーナード・ショー『ドラマ』（英文）／ビュヒネル『物質と精力』／ドーソン『近代思想史』／ゴーリキー短編集／『近代政治史』／ゴーリキー『平原』／フンボルト『アンジヒテン・デル・ナトゥル』（独文）／ヤコブセン『ゼックス・ノベルレン』（独文）／『ヴィッセンシャフトリへ・ビブリオテク』6-8. 17. 73.（独文）／ベルタ・フォン・ズットネル『ディ・ワッヘン・ニイデル』（独文）／トルストイ『生立の記』（露文）／『プロプリエタ』（経済学、伊文）／『フォンジュアリヤ』（哲学の基礎、伊文）／『ロジカ』（倫理学、伊文）／ルクリュ『プリミチフ』（原人の話、英文）／『ドラマチスト』（文学論、英文）／『スカンジネビアン』（北欧文学、英文）／『フレンチ・ノベリスト』（仏国文学、英文）／ラポポルト『歴史哲学』（仏文）／ノビコオ『人種論』（仏文）／ウォード『ピュア・ソシオロジー』（英文）／ウォード『サイキカル・ファクタース』（英文）／ギディングス『プリンシプル・オブ・ソシオロジー』（英文）／物集高見『日本文明史略』／長岡半太郎『ラジュウムと電気物質観』／鳥居龍蔵『人種学』／平塚忠之助『物理学輓近の発展』／シジュウィック『倫理学説批判』／高桑駒吉『印度五千年史』／『物理学汎論』／博文館の通俗百科全書『文学論』／最近哲学史というようなもの／福田徳三『国民経済学』／イリス『経済学提要』／マーシャル『経済学』／コンラッド『国民経済学』／早稲田の講義録『生物学』／『高山樗牛全集』／綱島梁川の文集／早稲田の『時代史』／『猟人日記』（露文）／ゲーテ文集（独文）／ダーウィン『航海記』（英文）／クロポトキン『ロシア文学』（英文）／『産業進化論』（英文）／『科学叢書』（独文）／『文学評論』（露文）／『論理学』（伊文）／雑誌『新仏教』

大杉栄略年譜

1885(明治18)年・0歳	1月17日、父・大杉東（丸亀連隊少尉）、母・豊の長男として香川県丸亀町に生まれる。まもなく父の転任により、東京に移住。本籍は愛知県。
1889(明治22)年・4歳	父の異動で新潟県新発田本村（現、新発田市）に移転。ここで北蒲原中学校（現、新発田高校）2年修了。
1899(明治32)年・14歳	名古屋陸軍幼年学校へ入学。3年のとき、同級生と格闘して重傷、退学処分を受ける。
1902(明治35)年・17歳	上京し、東京学院に通学。母急逝。順天中学校5年に編入学。足尾鉱毒問題で学生の示威運動を見て、社会問題に関心を持つ。
1903(明治36)年・18歳	東京外国語学校（現、東京外国語大学）に入学。
1904(明治37)年・19歳	平民社の社会主義研究会に毎週通う。夏休みに名古屋での活動を『平民新聞』に報告、同紙発行を手伝う。
1905(明治38)年・20歳	外国語学校選科仏語学科を卒業。「年上の女」と同棲。
1906(明治39)年・21歳	日本社会党に加盟。電車賃値上げ反対のデモに参加し、入獄。保釈後、堀保子と結婚。エスペラント語学校を設立、講師となる。『家庭雑誌』を発行。「新兵諸君に与ふ」を『光』に訳載し、起訴される（新聞紙条例違反）。
1907(明治40)年・22歳	「青年に訴ふ」の筆禍で、巣鴨監獄に入獄（計5カ月半）。
1908(明治41)年・23歳	屋上演説事件で巣鴨に入獄（1カ月半）。出獄

	まもなく赤旗を振ってのデモ（赤旗事件）で千葉監獄に入獄（2年半）。
1909(明治42)年・24歳	父死去。翌年11月、出獄。売文社に参加。
1911(明治44)年・26歳	大逆事件刑死者の遺体引き取り。毎月の同志茶話会に出席。
1912(大正元)年・27歳	10月、荒畑寒村と月刊誌『近代思想』を創刊、同志の連絡を図る。
1913(大正2)年・28歳	『近代思想』小集で文士らと交流。同志集会・サンジカリズム研究会を開始。
1914(大正3)年・29歳	『近代思想』を止め、月刊『平民新聞』を発刊するが、第4号を除きすべて発禁となる。
1915(大正4)年・30歳	研究会を「平民講演会」に発展。『近代思想』を復刊するが初号を除き発禁となる。フランス語講習会を開講。著作家協会発起人となる。
1916(大正5)年・31歳	『近代思想』を廃刊。堀保子と別居、伊藤野枝と同棲を始める。11月、葉山・日蔭茶屋で神近市子に刺され、この事件で社会的非難をあびる。
1917(大正6)年・32歳	同志からも孤立し、野枝と貧乏のどん底生活。長女・魔子誕生（のちに4女1男の父）。
1918(大正7)年・33歳	『文明批評』を創刊して再起し、労働運動研究会を始める。和田久太郎・久板卯之助と『労働新聞』を発行するが、発禁続き。大阪で米騒動を視察、部分的に加担する。
1919(大正8)年・34歳	同志集会を「北風会」と合同、労働運動の活動家に影響を与える。他の演説会を乗っ取る「演説会もらい」闘争を盛んに行う。第一次『労働運動』を発刊。印刷工組合など労働運動の支援、学生集会で懇談。尾行巡査殴打事件により、豊多摩監獄に入獄（3カ月）。
1920(大正9)年・35歳	関西の活動家集会を歴訪。日本社会主義同盟

	の発起人になる。上海へ密航。コミンテルンの極東社会主義会議に出席。
1921(大正10)年・36歳	第二次（週刊）『労働運動』にボル（共産主義）派を加え、共同戦線を張る。肺患の重病で聖路加病院に入院。ボルとの共同を止め、第三次『労働運動』を発刊。新聞印刷工などの争議を支援。
1922(大正11)年・37歳	八幡で演説会、大阪で活動家集会。日本労働組合総連合の創立大会に出席。国際無政府主義大会出席のため日本を脱出、上海で中国同志と会合。
1923(大正12)年・38歳	フランスに入国。パリ郊外サン・ドニのメーデー集会で演説、逮捕され、ラ・サンテ監獄に収監。国外追放となり7月帰国。9月16日、野枝、甥の橘宗一とともに東京憲兵隊に拘引、虐殺される。

（大杉豊 編）

主要著作

【評論】『生の闘争』、『社会的個人主義』、『労働運動の哲学』、『クロポトキン研究』、『正義を求める心』、『二人の革命家』（伊藤野枝共著）、『無政府主義者の見たロシア革命』、『自由の先駆』。

【随筆・記録・創作】『獄中記』、『乞食の名誉』、『悪戯』、『漫文漫画』、『日本脱出記』、『自叙伝』。

【翻訳】 ダーウィン『種の起原』、ル・ボン『物質不滅論』、ルソー『懺悔録』（生田長江共訳）、ルトウルノ『男女関係の進化』、ロマン・ロラン『民衆芸術論』、クロポトキン『相互扶助論』、同『革命家の思出』、ハード・ムーア『人間の正体』、ファーブル『昆虫記一』、同『自然科学の話』（安成四郎共訳）、同『科学の不思議』（伊藤野枝共訳）。

表紙……林倭衛《出獄の日のＯ氏》（長野県信濃美術館所蔵、1919年）。「Au Jour de sa Libération Camarade Osugi」（解放されし日、同志大杉）の字が見える。

写真……大杉豊氏提供。

解説者略歴

大杉　豊〈おおすぎ・ゆたか〉 1939年、横浜市生まれ。
大杉栄が殺された当日に訪ねた弟が父であり、そこで生まれた。東京都立大学社会学科卒業。東京放送（TBS）入社、調査・営業・編成部門を経て定年退職。東放学園専門学校・常磐大学国際学部講師。編著書に『日録・大杉栄伝』（社会評論社）。

大杉栄

獄中記

ごく ちゅう き

大杉豊 解説

豊田卓 装丁組版

2023 年 12 月 17 日　初版第 1 刷印刷
2023 年 12 月 25 日　初版第 1 刷発行

土曜社
東京都江東区東雲 1-1-16-911

大杉栄 日本脱出記

1922年——、ベルリン国際無政府主義大会の招待状。アインシュタイン博士来日の狂騒のなか、秘密裏に脱出する。有島武郎が金を出す。東京日日、改造社が特ダネを抜く。中国共産党創始者、大韓民国臨時政府の要人たちと上海で会う。得意の語学でパリ歓楽通りに遊ぶ。獄中の白ワインの味。「甘粕事件」まで数カ月——大杉栄38歳、国際連帯への冒険！

大杉栄 自叙伝

1921年——、雑誌『改造』の求めで連載を起こすも、関東大震災下の「甘粕事件」により、未完で遺された傑作。「陛下に弓をひいた謀叛人」西郷南洲に肩入れしながら、未来の陸軍元帥を志す一人の腕白少年が、日清・日露の戦役にはさまれた「坂の上の雲」の時代を舞台に、自由を思い、権威に逆らい、生を拡充してゆく。日本自伝文学の三指に数えられる、ビルドゥングスロマンの色濃い青春勉強の記。

大杉栄追想

1923年9月——、関東大震災直後、戒厳令下の帝都東京。「主義者暴動」の流言が飛び、実行される陸軍の白色テロ。真相究明を求める大川周明ら左右両翼の思想家たち。社屋を失い、山本実彦社長宅に移した「改造」臨時編集部に、大正一級の言論人、仇討ちを胸に秘める同志らが寄せる、享年38歳の革命児・大杉栄への、胸を打つ鎮魂の書！

大杉栄書簡集

38年間の生涯で大杉栄が遺した書簡のほぼ全て、188通を収録。『獄中記』『自叙伝』『日本脱出記』の三部作をつなぎ補完する、無政府主義の巨魁と恐れられた男の人生の真実。

伊藤野枝の手紙

「新しい女」「恋愛の天才」「野狐さん」と散々に評される伊藤野枝。28年の生涯に、三度結婚し、七子をもうけ、雑誌を編み、みずからも論じ翻訳して全集四巻の文章をのこした。三十路の物憂さ、大杉家の長男の嫁としての気配りなど、全62通の手紙からは、いきいきした野枝の話し声が聞こえる。